全国政研会系统2023年度优秀研究成果选集

中国思想政治工作研究会　编

学习出版社

图书在版编目（CIP）数据

全国政研会系统2023年度优秀研究成果选集 ／ 中国
思想政治工作研究会编. -- 北京 ：学习出版社，2024.
10. -- ISBN 978-7-5147-1287-2

Ⅰ．D64-53

中国国家版本馆CIP数据核字第2024TA4113号

全国政研会系统 2023 年度优秀研究成果选集
QUANGUO ZHENGYANHUI XITONG 2023NIANDU YOUXIU YANJIU CHENGGUO XUANJI

中国思想政治工作研究会　编

责任编辑：于　璐
技术编辑：胡　啸

出版发行：学习出版社
　　　　　北京市崇外大街11号新成文化大厦B座11层（100062）
　　　　　010-66063020　010-66061634　010-66061646
网　　址：http：//www.xuexiph.cn
经　　销：新华书店
印　　刷：河北鹏润印刷有限公司

开　　本：710毫米×1000毫米　1/16
印　　张：18.25
字　　数：212千字
版次印次：2024年10月第1版　2024年10月第1次印刷

书　　号：ISBN 978-7-5147-1287-2
定　　价：59.00元

如有印装错误请与本社联系调换，电话：010-66064915

目　录
CONTENTS

构建思想政治工作测评体系研究

中共中央、国务院印发的《关于新时代加强和改进思想政治工作的意见》（以下简称《意见》），对做好新时代思想政治工作作出全面部署，提出要建立科学有效的测评体系。

依据《意见》有关要求，借鉴理论研究成果和实践经验，课题组认为，思想政治工作测评应当以科学的价值理念为指引，以可操作的标准为尺度，以法定的工作为内容。一是以每个人的自由而全面的发展作为思想政治工作测评的基本价值取向。每个人的自由全面发展是思想政治工作的最终目标和追求，思想政治工作是共产主义运动中促进人的自由全面发展的重要途径。二是思想政治工作任务的完成程度是测评的具体量度。思想政治工作目的的实现是一个过程，但其现实成效与最终目的之间存在差异，思想政治工作评价应当以阶段性绩效作为检验和校正工作实现程度的依据。

基于以上思考，课题组认为，思想政治工作测评体系是由指标体系、组织实施体系、运用保障体系构成的全要素、全过程的评价系统，并以此为基础进行研究。

一、思想政治工作测评指标体系

（一）内容指标体系

该体系由思想政治教育内容和创新实践活动两部分组成。其中，思想政治教育内容是思想政治工作的核心内容，主要包括7个子体系：1.坚持用习近平新时代中国特色社会主义思想武装头脑、统一思想、凝聚力量情况。2.理想信念教育常态化制度化落实情况。3.培育和践行社会主义核心价值观情况。4.党史、新中国史、改革开放史、社会主义发展史和形势政策教育情况。5.社会主义法治教育情况。6.增强忧患意识、发扬斗争精神情况。7.结合形势任务、工作实际，以及各领域、各行业特色、群体特点开展特色教育情况。创新实践活动是思想政治工作的重要形式和内容，主要包括5个子体系：1.巩固壮大主流思想舆论情况。2.深化拓展群众性主题实践情况。3.以文化人、以文育人情况。4.充分发挥先进典型示范引领作用情况。5.人文关怀和心理疏导情况。

（二）运行指标体系

该体系是保证思想政治工作开展的工作机制，是各单位工作开展的实际体现，主要包含3个二级指标体系：1.主体责任落实情况：党委（党组）建立健全思想政治工作责任制，建立思想政治工作定期分析报告制度。2.把思想政治工作贯穿党的建设情况：强化党员修养，加强基层党组织建设，从严从实抓好党员教育管理，持之以恒开展正风肃纪反腐，建立健全干部担当作为的激励和保护机制。

3. 把思想政治工作贯彻落实到各项工作情况：尊重民意、汇聚民智、凝聚民力、改善民生，运用思想政治工作和体制制度优势推动经济社会发展、管理社会事务、服务人民群众，把思想教育同落实各方面制度规定结合起来，使思想政治工作有章可循、有据可依。

（三）保障指标体系

该体系是确保思想政治工作落实的物质基础和制度保障，主要包含4个二级指标体系：1. 领导体制和工作机制建设情况：形成党委统一领导、党政齐抓共管、宣传部门组织协调、有关部门和人民团体分工负责、全党全社会共同参与的思想政治工作大格局，在规划编制、政策衔接、标准制订、工作实施、评估检查、经费保障等方面加强统筹协调，发挥群团组织联系人民群众的桥梁和纽带作用。2. 专兼结合的工作队伍建设情况：配齐配强党务和宣传干部，发挥志愿者队伍的作用，将思想政治工作队伍建设纳入宣传思想文化工作队伍建设总体规划，开展思想政治工作人员专业技术职务评聘制度改革和思想政治工作先进集体和先进个人表彰奖励。3. 物质保障情况：建好用好各级各类文化设施和阵地。4. 制度保障情况：建立科学有效的评价考核体系，将测评结果纳入落实全面从严治党主体责任情况监督检查和巡视巡察内容，纳入党政领导班子、领导干部综合考核评价内容。

（四）效果指标体系

该体系是思想政治工作实际效果的检验指标，重点围绕思想政治工作的目的构建，主要包含4个二级指标体系：1. 理论武装成效。2. 服务中心工作、中心任务成效。3. 党群关系、干群关系以及工作氛围。4. 针对企业、农村、机关、学校、社区等不同对象的特点，提出具体的考核标准和要求，有针对性地进行考评。

思想政治工作测评指标体系的4个方面是一个完整的体系，回答了思想政治工作做什么、怎么做和应达到的实际成效。建立思想政治工作测评体系是具体的、现实的，对每一项内容的具体评价指标，应当依据法定职责，结合单位、部门、行业面临的形势任务和工作实际具体确定，机关与基层、不同层级的单位应有所区别，上下一般粗既不切合实际，可能造成形式主义，也不利于推动工作、促进实践。

二、思想政治工作测评的组织实施体系

（一）思想政治工作测评主体与客体

一是思想政治工作测评主体。思想政治工作测评主体是测评工作的组织者和实施者。依据有关文件规定，各级党委对宣传工作负主体责任，担负着贯彻落实党中央和上级党委关于宣传工作的决策部署以及指示精神，指导和督促检查下级党组织工作的职责，应当是思想政治工作测评主体。在实际工作中，思想政治工作遵循属地管理、归口管理、挂靠管理、垂直管理相结合的原则，因此各级党委（党组）对所属单位和人民团体，各行业、各系统党委（党组）对所属单位负有主体责任，应当是思想政治工作测评的具体实施者。二是思想政治工作测评客体。思想政治工作测评客体，与主体相对应，是思想政治工作测评的对象。有关文件规定，党的基层组织结合实际设置宣传工作机构或者宣传工作岗位，配备专兼职工作人员；

中央纪委国家监委，党的工作机关、党委直属事业单位等，明确负责宣传工作的机构或者相关工作岗位；各级党和国家机关、企事业单位、人民团体等单位中党的基层组织，应当根据实际情况设置宣传工作机构或者配备从事相关工作的人员。依据上述规定，这些单位和系统在思想政治工作中具有法定的职责，应当对其履行职责情况进行考评，是思想政治工作测评的客体。同时，作为测评客体应当能够独立地开展思想政治工作，具有相应的组织、机构和人员。在实践中，乡镇党委和相应级别且设有党委（党组）、党总支的人民团体、企事业单位具备以上职责和保障条件，应当作为最低一级的测评客体。三是主体与客体的相对关系。根据隶属关系和职责范围，思想政治工作测评主体和客体是相对的，具有上级主管单位（行业、系统）且对所属单位党委（党组）具有领导、指导作用的，相对于上级单位，其为测评客体，相对于下级单位，其为测评主体。

（二）思想政治工作测评标准

思想政治工作测评的目的是检验思想政治工作完成程度和效果，总结经验、发现不足，加强和改进工作，提升时、度、效，推动思想政治工作科学化规范化，实现高质量发展。基于此目的，兼顾测评工作的科学性、可操作性，测评结果可设立"优秀达标、达标、不达标"3个等级，采用"2+N"标准进行测评。"2"是指工作实际举措和实际成效，其中工作实际举措是指工作的开展情况，工作实际成效是指群众满意度，两个维度均采用百分制计分；"N"是指具体的负面指标。依照上述标准，"优秀达标"对应的是，工作实际打分90分及以上，群众满意度90分及以上，无负面指标问题；"达标"对应的是，工作实际打分与群众满意度均不低于70分且未达到"优秀达标"标准，无负面指标问题；"不达标"对应的是，工作实际打分与群众满意度均低于 70 分，或存在负面指标问题。

（三）思想政治工作测评方法

思想政治工作测评一般采用内部评价的方式，也可引入第三方评价作为辅助手段，利用定量测评与定性测评相结合的方法进行评定。定量测评，是指采用现场考察、座谈访谈、问卷调查、专家调查等方法，对工作实际进行全面了解，依据评价指标及其在实际工作中的重要性赋予权重，进行逐项打分。工作实效用群众满意度来衡量，采取问卷法进行调查，抽样范围应覆盖单位领导、中层干部、普通群众，并赋予各层级人员相应的权重，且总体抽样率要兼顾广泛性与代表性。定性测评主要是依据负面指标清单对单位的评价等级作出认定。

三、思想政治工作测评结果的运用保障体系

（一）测评结果的科学运用

一是依据测评情况对测评对象进行具体分析，确定测评结果、反馈意见建议，督促工作落实。二是依据信息公开有关制度规定，在一定范围内发布测评结果和具体情况，宣传推广经验，保障人民依法获取测评结果相关信息，支持相关领域专家学者利用结果开展研究，为思想政治工作开展建言献策。三是对本区域、本系统、本领域思想政治工作开展状况进行全面系统分析，总结交流经验，及时了解政策实施中存在的问题，对加强和改进工作做出安排部署；发挥测评工作的

目标导向和激励促进作用，对优秀达标单位予以表彰奖励。测评结果是对测评对象思想政治工作全面、客观的反映，对测评对象加强和改进工作具有重要参考和指导价值。测评对象应当及时总结，从测评结果中看到成绩，发扬经验，持续推动工作落实；应当坚持问题导向，找出薄弱环节和突出问题，深入剖析原因，列出问题清单、任务清单、责任清单，制订整改方案，并逐项抓好落实。

（二）测评结果运用的有效保障

一是制订思想政治工作测评办法、指标体系。依据《意见》精神和工作实际，制订具体的实施细则和办法。二是建立测评指标动态更新机制。根据党中央的新要求和新部署，中心工作的新任务和思想政治工作的新发展，对测评指标及时更新，确保测评的标准与时俱进，保证测评结果先进性和代表性。三是建立定期测评机制。参照巡视工作的有关规定，在一届任期内对所管理的地方、部门、企事业单位的思想政治工作进行全面测评，保障测评工作有序开展、全面覆盖。四是把测评结果"双纳入"。即将测评结果纳入落实全面从严治党主体责任情况监督检查和巡视巡察内容，纳入党政领导班子、领导干部综合考核评价内容，把"软指标"变成"硬约束"。五是建立督导检查机制。测评主管部门应当跟踪督导反馈意见的落实，及时给予指导帮助；发挥奖惩激励机制的作用，加强协调沟通，推动"双纳入"落实。

推荐单位：北京市政研会

作　　者：陈　清　尹新建　董　微

李小雨

加强年青一代民营经济人士思想政治引领研究

为进一步加强年青一代民营经济人士组织建设，探寻科学有效的教育培训模式，全面打造一支政治上有方向、发展上有本领、责任上有担当的年青一代民营经济人士队伍，上海市工商联宣教部联合上海工程技术大学组建专题课题组，就如何进一步加强上海市青创联组织建设，对年青一代民营经济人士进行思想政治引领开展专项调查研究。

调研采取市区联动、实地调研与问卷调查相结合的方式，先后召开6次座谈会，专访80多位年青一代民营经济人士（年青一代民营经济人士主要包括在"大众创业、万众创新"中涌现出来的创业者和民企二代的接班人，年龄一般限制在45周岁以下），抽样问卷调查326份，重点了解：对青创联组织的看法和进一步加强组织建设的建议；对企业和个人获得各类荣誉的看法；企业文化在企业发展中的作用；个人喜欢和易于接受的交流方式等内容。调研中，还对部分区工商、街镇青创联组织进行了专访，对纺织服装、钢铁贸易、科技商会、环境保护产业、五金、文化商会相关负责人进行了访谈。具体报告如下。

一、年青一代民营经济人士群体特征分析

（一）基本情况

通过问卷调查、访谈和综合分析，目前年青一代民营经济人士群体主要特点如下。

文化普遍较高。问卷显示，年青一代民营经济人士文化程度主要集中在大专、本科和研究生。其中，大专文凭的仅占10%，研究生占32%。接受过 MBA、EMBA、MPA 等专业硕士教育的占45%，呈现出年青一代民营经济人士工作经历丰富、专业性较强、受教育水平较高的趋势。

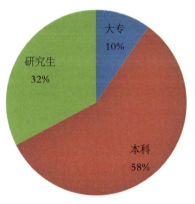

图1　年青一代民营经济人士文化程度情况

政治上进明显。目前，上海市工商联执委中年青一代民营经济人士占比35%。16个区工商联执委中占比38%。截至2023年上半

年，青创联 209 名理事，其中 118 人担任区级及以上人大代表或政协委员。

学习认知有待改善。加强全面学习是企业家管理企业，确保企业行稳致远的有力保障。调查显示，在被问及认为个人最需要学习的知识是什么时，有 57.14% 的民营经济人士认为，目前最需要学习的知识是企业营销与管理；42.86% 的人认为最需要学习国情、民情与社会；37.14% 的人认为最需要学习金融证券和投资；仅有 11.43% 的人意识到更需要学习政治和国学与传统文化。

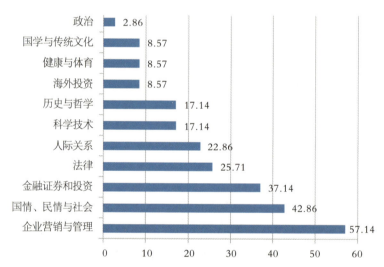

图 2　年青一代民营经济人士认为最需要学习的知识（单位：%）

具有较强的社会责任感。调查问卷显示，近 3 年来，绝大部分年青一代民营经济人士每年都参加市区两级政府组织的光彩事业工作，参与乡村振兴、对口支援等公益慈善事业的占比超过五成；疫情期间积极捐款捐物的高达 70.22%，组建志愿者队伍的也有 48.72%。

图 3　近 3 年来企业参与社会公益和疫情捐款捐物的情况（单位：%）

民营企业党建工作有待提升。广大民营经济人士对党中央、国务院和地方政府出台的一系列助力民营企业发展壮大的政策倍感振奋，绝大部分能够认同党建引领企业健康发展的理念。特别是近年来，民营企业在支持党建工作方面的投入呈逐年上升趋势。调查显示，一定比例的民营企业由于企业规模、党员数量、个人认知等各方面原因，在企业内部尚未成立党组织，用党建引领企业发展的作用发挥不够。

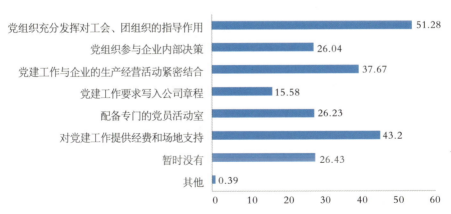

图 4　民营企业为党建提供的支持和党组织发挥的作用（单位：%）

（二）年青一代民营经济人士价值取向分析

调查发现，年青一代民营经济人士因个人学历、创业经历、从事行业、企业规模、个人性情不同，价值取向呈现多元化，同时启示我们在开展思想政治引领时，不能照搬传统的思想观念，要结合特征，分类指导。其主要特点如下：

多元性。年青一代民营经济人士视野开阔、思维敏捷，接受新事物、新思想比较快，往往追求多样性的价值目标。他们活跃在市场经济浪潮中，深受利益驱动原则、等价交换原则、竞争机制等的影响，在认可传统价值观的同时更容易接受现代价值观。他们的价值取向既有社会本位价值取向，也有个人本位价值取向，既有义本位价值取向，也有利本位价值取向，呈现出多元性的特点，在激烈竞争中处变不惊的定力和打拼的韧性在一定程度上还需要进一步增强。

动态性。年青一代民营经济人士同样具有青年人的特点，对社会和自我的认识具有多变的动态性，容易被外在的热点吸引，但这种影响非常短暂而且不稳定，价值取向也随之速变和善变。他们否定绝对的价值标准、唯一的价值选择，认可相对的价值标准、多样的价值选择和双重的价值评判，对事物的看法可能因时间不同而不同，也可能因某一事件而彻底改变以前的观点，在价值取向上呈现出动态性的特点，思想政治基础还有待进一步锤炼和稳固，有时一些认同还停留在朴素直观的情感层面上。

兼容性。在传统的集体主义为核心的价值观与现代价值观的交织中，年青一代民营经济人士更容易接受和形成以自由、民主、效率、公正、个体等为核心的现代价值观。他们认可并遵循社会主导的价值体系，但也具有追求自我价值和个人功利的个性化特点，有时也会出现对各类规章制度包容度低的言行，呈现出兼容的局面。

现实性。调查中发现，年青一代民营经济人士价值取向更趋于务实，更看重自我价值实现，功利意识较之以往有所增强。交流访谈中也发现民营经济人士的思想状况和其经营活动过程中对相关问题的处理很难进行隔离，他们对相关政策的学习和认识缺乏通盘考虑，往往通过行业企业的视角来认知。交流心得体会，也不自觉地靠向行业企业，大眼界、大胸怀、大局观，团结协作、牺牲奉献精神还有待增强。

二、存在的不足

经过党和政府、工商联、商会组织多年的齐抓共管，年青一代民营经济人士思想政治引领工作在各方面取得显著的成绩，但是在发展过程中，仍存在一些有待提升和完善的地方，需要更加深入地研究与探索。归纳起来主要存在以下 3 点有待提升的地方：

1. 思想政治引领工作仍需更加务实。调研中，年青一代民营经济人士提出的思想教育需求，往往会和现实经营生活中发生的诉求交织出现，因此，需要将各项思想政治引领工作与做好企业服务紧密结合、落到实处，切不可做虚功、走形式。

2. 思想政治引领工作方式仍需多样。目前，加强年青一代民营经济人士思想政治引领工作虽然已经取得了良好成效，但在工作方式方面仍需创新，尤其是年青一代普遍喜好的网络平台的使用，目前还没有成为参加教育活动的首选，不能够很好满足年青一代民营经济人士对思想政治引领工作的期望。

3. 思想政治引领工作内容仍需具体。调研中发现，尽管青年商协会组织有明确清晰的组织架构，但在思想政治引领工作过程中，还没有形成明确分工，很多工作仍以主观判断和历史沿革为依据，需要符合时代需求，更加科学化、专业化、标准化的工作纲领和规范指导。

三、对策建议

加强年青一代民营经济人士的组织建设和思想引领是一项系统工程，必须突出年青一代民营经济人士特点，系统规划、因势利导，合力推进、久久为功。

（一）合力推进年青一代民营经济人士组织建设

一是发挥好组织作用。年青一代民营经济人士工作涉及多个领域和部门，需各级党委、政府、工商联、商会等组织在更高设计上、更大力度上整合组织资源，增强工作合力。要建立年青一代民营经济人士工作领导机构。健全完善党委统一领导，统战部组织协调，工商联具体实施，有关方面参与的工作机制，成立相应的领导机构，努力形成资源共享、优势互补、工作联动的格局。要建立联系和服务年青一代民营经济人士制度。健全完善党政部门与年青一代民营经济人士定期对话机制，加强联系服务，引导他们正确研判形势，积极执行党和政府的方针政策。统战部、工商联要把年青一代作为联系交友的重点对象，加强走访调研，多做排忧解难、解疑释惑的工作。要健全完善各级青创组织。在加强市区两级青创联组织建设的同时，逐步推进青创组织向基层（乡镇、街道）的全覆盖，以组织力量带动和影响年青一代民营经济人士健康成长。

二是提高能力素质。引导年青一代民营经济人士发展一流的产业、争创一流的企业，守法诚信经营，促进企业健康发展，致富思源、富而思进，弘扬企业家精神。要优化成长环境、营商环境。切实关心年青一代民营经济人士创业成长，持续优化服务，着力打通"堵点"、畅通"痛点"、补上"断点"，利用区域发展定位和战略规划的政策优势，加速人才、技术、资金等要素资源的引进，加快落实支持民营企业创新发展的各项政策，推动政府发挥作用，培植年青一代民营经济人士健康的"成长土壤"，共同营造重商、尊商、亲商的良好氛围。要强化社会责任意识。引导年青一代民营经济人士把自身发展与国家发展结合起来，提高政治站位，弘扬时代新风，自觉践行光彩精神，投身光彩事业和社会公益事业，扶危济困，积极履行社会责任，为实现中国式现代化贡献应有力量。

三是搭建优质平台。加强各部门、单位的合作联动，拓宽统战工作覆盖面，共同教育培养年青一代民营经济人士。探索制度化发现机制。与经信委、科委、商委等经济管理部门建立制度化、信息化的合作和联动机制，及时发现优秀的年青一代民营经济人士，完善年青一代民营经济人士数据库。依托数据库，对其中的优秀企业家重点跟踪，及时掌握企业经营、诚信等情况，及时掌握综合评价情况，形成优秀年青一代后备库。加大安排使用力度。各级党委、政府对于那些有较好政治素质又诚信守法经营的年青一代民营经济人士，在各级人大代表、政协委员等政治安排中，给予重点关注，为他们参与政治活动提供平台。在"优秀建设者""优秀企业家"

等各类评比表彰中应安排一定比例的年青一代民营经济代表人士，培养树立一批标杆人物，发挥好示范引领作用。

（二）加强思想政治引领体系建设

把年青一代民营经济人士教育培养工作作为党管人才工作的重要内容，纳入人才发展规划，列入党委主体培训班次，设立财政专项资金，对本区域的年青一代民营经济人士进行分期分批的轮训。

一是持续推进"理想信念教育"。把中央统战部、全国工商联主抓的理想信念教育作为年青一代民营经济人士思想政治工作的重要抓手，用好用活各种教育载体，丰富形式、创新方法，加强教育引导的针对性和时效性。注意区分层次、以点带面，从优秀青年企业家、行业代表人士入手，不断向基层辐射推广，直至形成在各类年青一代民营经济人士组织中人人皆知、人人参与的生动局面。

二是大力开展"崇尚荣誉教育"。民营企业和民营经济人士在不同时期获得的各项荣誉是串起企业家精神的颗颗珠玑，只有让荣誉的光芒持续闪耀，才能更好地营造民营经济人士珍惜荣誉、争取荣誉、崇尚荣誉的良好氛围。以"崇尚荣誉"教育引导为抓手，从感性层面引领企业家对社会主义理想的理性追求，这是进一步做好民营经济领域思想政治引领，把年青一代民营经济人士紧紧团结在党和政府周围的有效载体和方法。开展好"崇尚荣誉"教育就是要以公开公正的评选促进青年企业家对荣誉的珍惜，用隆重的颁奖仪式增强荣誉的影响力。同时发挥宣传工作对荣誉的推动作用，对获得荣誉的企业家和企业及时宣传，并建立健全民营经济领域荣誉的备忘制度，大力营造年青一代民营经济人士崇尚荣誉的良好社会氛围。

三是做好"两项联动"。做好推进民营企业文化建设与加强思想政治引领的联动。企业文化是企业自发的一种道德规范，是企业目标的指引，同时，先进的企业文化也是年青一代民营经济人士精神的体现，与做好思想引领的目标方向具有一致性。各级工商联、商会组织要切实发挥好"桥梁""纽带"作用，将加强年青一代民营经济人士思想引领与大力推进民营企业文化建设捆在一起抓，在帮助民营企业全面建设更加先进的企业文化的同时，更好地实现对年青一代民营经济人士的思想引领。做好心理疏导与加强思想政治引领的联动。要切实发挥工商联、商协会"娘家人"的作用，健全调研走访机制，经常性开展送精神、送政策、送温暖活动，及时消除年青一代民营经济人士各类困惑。要搭建平台，帮助年青一代民营经济人士畅通政企沟通渠道，全力做好服务民营企业各项工作，全心全意为他们解决具体困难，持续提振发展信心。要光明正大、坦坦荡荡与年青一代民营经济人士交朋友，全面构建亲清政商关系，将有意识的思想政治引领融入日常的交往中。

四是完善示范引领机制。善于挖掘发现年青一代民营经济人士的先进典型，讲好身边故事，发挥典型的影响力和感召力。针对新媒体时代的特点，改进宣传方式方法，贴近实际、贴近生活、贴近群众。加强"一会一品"建设。结合理想信念教育工作的推进，鼓励引导上海各级青创组织在服务会员、提升能力、加强组织建设中不断取得新的业绩，体现时代精神，展示模范风貌，凝心聚力，振奋精神，不断打造立得住、过得硬、叫得响、推得开的典范，带动一批、辐射一片，加快青创组织发展步伐。突出典型宣传。注重典型宣传的导向性，结合中国特色社会主义事业建设者、优秀企业家等评比表彰，挖掘一批符合时代主题、具有鲜明特色，群众认可度高、可亲可信可学，在达产增效、对口合作、创新发展等方面有突出贡献的年青一代创业者，不断增强典型人物的社会效益。

推荐单位：上海市政研会

作　　者：上海市工商联宣教部

数字化赋能新时代国有企业思想政治工作路径研究

面对迅猛发展的数字化浪潮，国有企业思想政治工作要想更好地肩负新时代新征程新使命，就必须不断推进数字技术系统化全方位赋能思想政治工作。

一、数字化时代思想政治工作面临的发展趋势

不同时代背景下，如何以变应变做好思政工作，面临着更多新的挑战。从工作对象上看，思想认知趋向多元化。当今社会，国有企业思政工作面临的首要挑战就是由信息高速流通而导致的社会多元化趋势，在"每个人都是传播者"的时代，大数据筛选机制造成的"信息茧房"效应，给传统思政工作带来被动局面。从工作路径上看，资源载体趋向关联化。数字化技术的介入，促使企业思政工作由传统金字塔结构变为网状结构，将传统点、线、面工作模式转化为更多个体、组织之间的交互协同、多维互动，思政工作方法手

段由单一模式向连接共享转变。从工作目标上看，价值实现趋向共生化。数字化技术不是让机器替代人，而是更多地赋能于人，使人在工作中感受到价值。通过"价值交互"实现"灵魂契合"，从而达到"心有灵犀"，明确企业的发展方向与价值取舍，引领职工构建起具有共同价值追求的协同共生网络。

二、数字化赋能国有企业思想政治工作的"内核"与"嬗变"

数字化赋能思想政治工作是时代选择，必须牢牢把握"正能量是总要求、管得住是硬道理、用得好是真本事"的方向导向，坚持正确的政治方向、站稳政治立场，必须着眼于党的事业需要，必须着眼于人的思想行为活动规律，必须着眼于激发人的积极性进而创造价值。

（一）把握数字化赋能的"内核"

思想政治工作领域的数字化不是一些理论政策相互堆砌叠加式的"物理反应"，其内核是将思政工作与数字技术手段充分结合，将具有"两个巩固"思想灵魂特征的产品与人们思想精神需求相适应，从而达到精神层面上的"一见钟情"，心理层面上的"心有灵犀"，形成"心动"与"行动"高度融合的"化学反应"，从而造就一个有机统一的新的思政工作生命体。要让这一生命体既具有守正的思想灵魂又具有强大的创新共情能力，必须通过数字化"嬗变"实现思政工作全要素、全系统、全结构的价值激活和释放。至少应该包含 7 个方面。

图1　数字化"嬗变"的演化过程

一是由"灌输教育—情感认同"演化升级，使其可渗透。马克思曾批判技术异化对人本质的伤害，明确了技术在运行和使用中具有鲜明的意识形态属性。数字技术作为工具，无法取代思政工作者的主导地位。因此，要赋予数字技术应用情感温度，探寻数字技术与价值引导的契合点，支撑思想内容与人文精神的高度融合，以情感认同推进主流意识形态认同。

二是由"泛化描述—量化显现"演化升级，使其可外显。人在哪儿，思政工作的重点就在哪儿。网络空间已经成为人们生产生活的新空间，也应该成为党凝聚共识的新空间和开展工作的主战场。因此，要通过"一切事物皆可量化"的大数据优势，搭建思政数据集约平台，使潜在思想转变为可量化、可外显的思想行为信息，用数据方式更精准地呈现人的思想表现形态。

三是由"管控于人—赋能于人"演化升级，使其可驱动。企业并不能完全把控职工期待和诉求，多数企业管理者按照自己对职工的理解来做思政工作。如果决策者、执行者不贴近一线职工，那么工作的精准度就要大打折扣。因此，数字化赋能需要从管控向激活转换，有了数字化技术加持，就可以帮助企业无限贴近职工心理，为广大职工带去全新的体验与全新的价值。

四是由"被动说教—超强感知"演化升级，使其可交互。大数据时代，新生代员工更希望管理者是他们的伙伴而不是领导者，管理者与职工的关系逐渐转变为个体与组织的价值共生，被动的单方面的说教已不奏效。因此，要通过数字技术的发展和普及，围绕国情企情搭建全新的思政育人场景，通过沉浸式、体验式教学，使受众获得最佳的情感教育、价值引导，进而实现良性交互、交心暖心。

五是由"大水漫灌—精准滴灌"演化升级，使其可定制。思政工作的对象是人，人的思想认知水平是衡量思政工作有效性的尺度。想让受众接受科学的理论和正向的观点主张，必须将受众"喜欢的"和"要求的"相结合。因此，要在大数据收集分析基础上，精准勾勒出每个职工的个性特征及心理需求画像，开展精准化、定制化的思政工作，在"双向奔赴"中产生共鸣。

六是由"事后补救—交心暖心"演化升级，使其可预测。大数据分析、智能算法推荐等数字化技术所具有的"前瞻性"特质，会改变传统思政工作中仅凭经验判断的滞后性。因此，要通过大数据预测职工思想动态趋势和行为变化轨迹，提前开展防患于未然、化矛盾于源头的疏导型教育，进而形成有效的预测模型，实现以"数据驱动决策"，下好职工思政工作的"先手棋"。

七是由"单一时域—多维空间"演化升级，使其可持续。数字技术打破了传统思政工作的时间限制、空间限制，职工认识世界和改造世界的活动不仅存在于企业、家庭、社会等实景场地，还延伸到"云"上的广阔空间，数字技术搭建了跨时泛在的育人场域。因此，需要思政工作同时聚焦物理空间和虚拟空间，建构"全天候"在场的服务模式，即时响应职工的服务需求。

（二）把准数字化赋能的"嬗变"

数字化技术推动经济领域的"嬗变"，其路径是数字产业化和产业数字化；同样地，数字化赋能思想政治工作的"嬗变"，要探索"思政数字化"和"数字思政化"的实现途径。

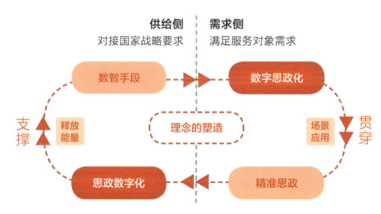

图 2 "思政数字化"和"数字思政化"的逻辑关联

一是以思政数字化推动"供给侧"改革。加快数字中国建设，就是要适应我国发展新的历史方位，全面贯彻新发展理念，以信息化培育新动能，用新动能推动新发展，以新发展创造新辉煌。在思想政治工作领域贯彻落实国家战略要求，这就要求我们必须推动数字技术与传统思政工作的融合，实现思政工作的数字化"嬗变"。思政数字化即用数字化、信息化手段赋能传统思政工作，是一场思政工作领域的"供给侧结构性改革"，这场改革满足国有企业思政工作提质增效的诉求，满足国有企业思政工作主体与客体个性化、多元化发展的要求，为实现数字化赋能思政工作释放了动力之源。

二是以数字思政化推动"需求侧"满足。思想政治工作说到底就是做人的工作，不能千人一面地对待不同对象、不同特点的不同需求。马斯洛在 20 世纪 40 年代率先提出"人的动机产生于人的需求"；赫茨伯格提出的"双因素理论"，启示我们思政工作要合理区分激励因素和保健因素并做到"因材施策"。数字思政化则是管理者凭借对各类平台数据信息的收集处理、研判分析，对企业职工开展的一场有针对性的"需求侧育人活动"，其目的在于运用大、云、物、移、智等现代数字技术优化和增强国企思政工作的针对性和实效性，为数字化赋能思政工作开辟创新空间。

三是以数字化理念的塑造推动"思维方式"转变。人的思想需求来源于客观外界，指导行为去改造客观外界，并且在改造客观外界的过程中形成新的思想需求、产生新的行为，进而进一步改造客观外界，这是人的思想需求和行为的活动规律，这一规律决定着思政工作价值活动的底层逻辑，也是思政工作实现"嬗变"的基本遵循。思政工作者的工作意愿和能力是影响数字化赋能思政工作成效的主要因素，而直接影响工作意愿的却是工作认知，因此，数字化理念的塑造至关重要，是实现前述两条路径的根本。

三、数字化赋能国有企业思想政治工作的路径探析

（一）理念的塑造："数字思政"的价值导向

通信技术作为感受和知识的延伸极大地拓展了人类的意识范围，对数据的汲取、处理、利用、转化，构成了人的思维与行动的

重要内容。数字化赋能思政工作的真正挑战不是技术，而是人的心智改变。一是组织层的价值塑造。党组织是思政工作的责任主体，当数据成为生产要素、数字化成为发展方式时，技术的快速迭代要求组织层不断进行自我革新和转型。要敢于打破传统思政工作的思维桎梏和藩篱，善于运用习近平新时代中国特色社会主义思想的世界观和方法论，刷新组织文化，倡导数字化的价值主张，用科学的力量武装人，用正确的舆论引导人，用高尚的情操塑造人，用中华优秀传统文化凝聚人。二是管理层的价值塑造。管理者特别是从事思政工作的直接管理者，是思政工作数字化信息和技术的接受者、传播者，也是数字化赋能思政工作的实施者、创造者。要改进思政工作队伍的培养方式，构建"数字领导力"，确保工作者善于运用新的数字化、信息化技术，搭建一系列富有新时代特色、适应数字化背景的思想政治教育载体。三是个体层的价值塑造。技术进化是一个不断被选择、被发展、被强化的过程，起决定作用、掌握进化方向的还是人。个体层要了解自己的认知困境，强化理念认知，持续主动地参与学习、交流碰撞，提升数字技术应用能力，以适应数字化环境下的职工转型要求和数字化管理要求。

（二）思政数字化："数智手段"的能量释放

借助数字技术推动思想政治工作数字化、条理化、科学化，既是对新时代国有企业思政工作构建势能、积聚动能、激发潜能诉求的数字化信息化回应，也是实现国有企业思政工作精准、科学、高效转型发展的必由之路。一是以"新格局"构建新势能。要秉持协同原则，将数字化建设互联、互通的优势转化为思政工作共建、共享的强大势能。要打通企业内部的资源平台、信息交互，加强数字思政平台环境和教育内容的建设开发，搭建"一体化"管理服务平台，构建党委统一领导、党政齐抓共管、有关部门共同参与的思政工作大格局。二是以"新媒体"积聚新动能。数字化时代，主流媒体平台成为信息沟通的主要方式，在国有企业的思政工作中注入数字内容，能够进一步实现与职工的共知、共鸣。要开发数字化宣教作品，拓展各种网络传播渠道，依托"台、网、微、端、屏"等于一体的全媒传播矩阵，把正能量送到"指尖""耳边"，让职工能"随时看""随身听"，以情感认同推进主流意识形态认同。三是以"新需求"激发新潜能。职工的认知、感知在数字化时代的"快车道"中不断发展变化，以"满足需求"为导向的传统思政工作模式已经不能再释放空间、获得优势，需要向"创造需求"转化。要善于发现和归纳大数据，助力研判职工思想状况、心理活动和行为趋向，在挖掘能力、连接资源中"创造需求"，辨别分析职工喜好，将思政工作"挖掘确定性"转化为"探索可能性"。

（三）数字思政化："精准思政"的场景应用

做好数字化赋能思想政治工作必须遵循思政工作规律，以数字化技术挖掘精准化、科学化、深层化和泛在化的育人潜能，做到因事而化、因时而进、因势而新。一是因事而化，精准把航定向。实现"精准思政"，就是在大方向上做到精准和正确。要充分利用数字技术覆盖广、渗透强、传播快等特点，每逢重要节点、重大事项开展靶向传播，聚焦社会"爆点""热点"并转化为正向价值观输出的"生长点"，用正确的政治方向、价值取向和信息主动占领职工思想的主阵地。二是因时而进，精准预测动向。数字化时代背景下，思政工作由"定性"向"定量"转变，推动思政工作朝着精准预测规律方向发展。要搭建全景化思想动态呈现平台，基于人脸表情识别、成熟心理学测试等方式，对职工开展心理画像，既精准评估和预警各类异常行为，又深化对职工成长发展的规律性认识和前瞻性引导，及时化解职工情绪波动。三是因势而新，精准供需对接。短视频文化兴起，其去中心化、泛娱乐化削弱了新时代国有企业职工对主流文化的认同感，亟须思政工作者科学研判、精准施策。要探索思政工作与主流思想舆论、中华优秀传统文化、先进典型模范感人故事的结合点，根据职工的个性化诉求，有针对性、分层次地推送思想政治教育内容，实现思想政治教育内容的"按需供给"。

推荐单位：天津市政研会

作　　者：赵　亮　施学谦　李统焕

智能技术赋能思想政治教育质量评价的优势、限度与进路

思想政治教育质量评价事关立德树人根本任务贯彻落实，是一项广泛性、艰巨性、实践性难题。利用智能技术赋能思想政治教育质量评价数字化、专业化和现代化转型是智能时代背景下攻克这一难题的必然趋势和发展方向。

一、智能技术赋能思想政治教育质量评价的优势

（一）智能感知技术赋能思想政治教育质量评价内容客观化

在空间向度上，智能感知技术赋能评价数据采集由定点转为全面，提供"全景式"证据。在线下场域，通过视频监控、智能移动终端、智慧校园等硬件设施与软件系统，可以无感采集和分析学生校园生活轨迹、实践活动参与等全景式数据，保证了评价的真实性。在线上场域，社交媒体成为青年人际交往、自我表达的重要平台，

学生社交媒体在线行为通过自然语言处理技术评估学生思想动态和价值观念，提高评价的真实性和可信度。

在时间向度上，智能感知技术赋能数据采集由离散转为连续，提供"增值性"证据。基于智能感知技术、分布式存储结构、服务器虚拟化技术、数据库链接技术以及数据库安全技术建设的纵向追踪数据库，能支撑大量、长期的追踪数据获取、集成和存储，能确保数据库中个人信息隐私安全，为实现"增值"数据收集、存储、整理、分析等数字化操作提供重要支撑。

在结构向度上，智能感知技术赋能数据采集由同构转为异构，提供"多模态"证据。思想政治教育质量评价中，许多蕴含思想政治教育信息的异构数据，如活动中产生的视频、文本等现实数据，教育者和受教育者的生理性数据，由于获取难度大并没有得到有效的价值开发与合理利用。采用基于智能感知技术研发的虚拟现实设备、脑波监测、眼动和磁共振设备，采集这些多模态数据并进一步去伪存真和交叉验证，将进一步提高思想政治教育质量评价的客观性。

（二）智能计算技术赋能思想政治教育质量评价模型科学化

智能计算技术赋能科学设计思想政治教育质量评价指标体系。一方面，智能计算技术赋能评价指标设计实现方向性与实践性相统一。如通过文本分析技术，从政策中挖掘思想政治教育质量评价的内容要素，利用专家知识系统对评价内容要素进行构念化与操作性定义，明确各评价指标与思想政治教育数据的映射关系。另一方面，智能计算技术赋能评价指标设计化解大数据综合性与评价指标体系精简性相统一难题。如利用机器学习、人工神经网络等智能计算技术，"降维"和"提纯"以提高数据的价值密度，筛选出强解释力和强预测力的评价指标。

智能计算技术赋能科学确立思想政治教育质量评价指标权重。传统的指标权重确定方法在处理大规模数据时面临挑战，而智能计算技术的大数据处理能力、自适应学习能力、全局优化能力突破了这些限制，使权重确立更加科学。

智能计算技术赋能科学验证优化思想政治教育质量评价模型。传统的评价模型验证方法存在限制，如小样本数据统计验证的数据偏差和过度拟合问题、实践运用验证的高时间成本问题。智能计算技术在一定程度上打破了这些限制，使评价模型验证与优化更准确、更客观和更高效。

（三）智能交互技术赋能思想政治教育质量评价反馈专业化

智能交互技术赋能思想政治教育评价反馈形式直观可视化。借助可视化技术，将反馈结果以个人画像、雷达图形、热力图表、折线图等直观的方式呈现，并进行充分的备注与解释，帮助相关主体全面客观地了解思想政治教育现实情况，明确改进方向。

智能交互技术赋能思想政治教育评价反馈应用多元个性化。针对多元主体的不同需求，调用相关思想政治教育质量评价模型和数据进行运算分析，提供个性化、定制化的评价反馈。例如，为学生构建"学习仪表盘"，为思政课教师提供教育教学实效性分析报告，为学校建设思想政治教育数据大屏，为教育管理部门提供思想政治教育整体状态评估等。

智能交互技术赋能思想政治教育评价反馈时间持续动态化。基于智能、实时、高效的评价数据采集及评价模型计算，使思想政治教育质量评价结果能够以持续、动态化的方式反馈给相关主体，促进评价反馈从滞后到及时的转化，实现管、教、学、评在时间上的共时性和一体化。

二、智能技术赋能思想政治教育质量评价的限度

（一）评价理念偏差下的主体性困境

在单向度工具理性思维下，思想政治教育评价主体被边缘化。智能技术的深度嵌入容易使思想政治教育质量评价主体产生"有用即真理"的单向度"工具理性"，机械地将数据收集、模型建构、决策反馈的权力让渡给智能技术。譬如，在设计评价指标时一味追求数据的易获得性、指标操作的便利性，遮蔽了思想政治教育质量评价的价值导向和问题逻辑；建模分析评价数据时缺乏对数据因果关系的深入剖析，而仅仅停留于分析数据间的相关性，弱化了思想政治教育质量评价的改进功能。

在数据主义思维盛行下，思想政治教育质量评价客体被辖制。数据为算法提供算料，为评价决策提供资料。然而，坚守"数据为王""量化一切"的数据主义思维，赋予了数据、算法权力，以超时空、不可见的无感方式实施对思想政治教育质量评价客体的规训和辖制。在数据主义思维下，评价数据采集容易异化为"数据监控"，评价决策也被简单、机械地等同于数据驱动决策。这种对基于量化数据的评价预测结果的盲目信任，赋予了数据、算法对师生乃至整个思想政治教育活动"标签植入"的权力，将其辖制于评价系统量身定做的发展轨道。

（二）评价算法算料中的客观性悖论

数据采集的主观性因素。思想政治教育质量评价，尤其是效果评价，涉及对人的政治思想、道德品质等多种非直观因素的分析和掌握，要准确量化这些内隐性思想意识数据十分困难，实现真正意义的"全样本"更是难上加难。现实而言，智能技术赋能之下，这些思想意识数据常常被剥离在外，或被降维成可测量的、与之相关的外显行为数据。尽管人们的行为受思想意识所驱使，但某种思想意识并不必然表现为特定的行为。在此意义上，通过采集行为数据揭示其背后潜隐性的思想意识是有条件的，而非必然的、普遍的，在很大程度上是带有主观性的。

算法"黑箱"中的主观性因素。标准化、统一化的算法程序执行使其具备技术中立的外在表现，即同样的数据输入同样的算法程序，其评价结果必然是一致的。实际上，算法并非简单的计算公式和无意识的程序运行，而是从一开始就被"教导"了相关知识与逻辑，算法设计者或程序编写者的价值取向、学术判断、政治立场早已在无意识中被编入程序里。此外，算法决策不予公开、不接受质询、不提供解释，难免会有演化为"算法霸权"的风险。可能更糟糕的是，算法决策常以"客观""科学"的面目呈现，增大了对算法决策的反思和纠偏难度。

（三）评价过程中的外在伦理性风险

个人信息隐私问题。在思想政治教育质量评价中，无论被动收集抑或主动分享，教师绩效、学生成绩乃至师生思想政治和道德品质负面问题等信息数据流入公共空间不可避免。理论上，这些数据能否用于分析评价必须获得相关主体知情同意，实际上，计算机视觉、语音识别、生物传感器等智能感知技术抓取数据往往是无感的，师生个人数据往往变得无"私"可"隐"。如若数据隐私监管缺位，数据获取、存储、分析技术的无序、失序或者疏于管理防范，造成个人信息泄露或被不正当利用，则会对个人隐私造成极大侵害。

技术鸿沟下的公正问题。"技术鸿沟"是指先进技术的成果不能为人们所公平分享，某些群体在技术、信息可及性方面遭到了不合伦理和得不到辩护的排除。我国处于人工智能建设起步阶段，囿于教育教学资源不均衡，智能技术建设成本、维护升级成本高昂，城乡区域、学校之间在硬件基础设施、软件程序系统以及智能评价技术素养上均存在差异。在此现实情况下，智能技术赋能下的思想政治教育质量评价仅限于"技术鸿沟"的强者一侧，处于技术弱者一侧可能并无机会受益于智能技术赋能之下的以评促管、以评促教、以评促学，加剧了不公正风险。

三、智能技术赋能思想政治教育质量评价的路径

（一）树立新时代评价观，匡正评价方向

一是树立育人为本的评价目的观。思想政治教育质量评价的最终目标是促进思想政治教育质量全面提升，培养担当民族复兴大任的时代新人。新时代新征程，以智能技术赋能思想政治教育质量评价改革，必须紧密结合立德树人的根本要求，坚持价值理性与工具理性相统一。此外，也要将育人为本的评价目的观嵌入思想政治教育质量智能评价全过程，真正实现以评促管、以评促教、以评促学。

二是树立素养增值的评价主体观。一方面，组建"骨干引领、学科联动"的思想政治教育质量智能评价培训队伍，通过培训课程、研讨会、实践教学等方式为不同评价主体提供定制化的智能素养培训，提升其智能素养。另一方面，要深化人才培养方案改革，建立政府、高校、科技公司、科研机构的良性互动机制，推进思想政治教育质量智能评价政产学研一体化合作；要促进思想政治教育学科与人工智能、大数据、数学、心理学、管理学等学科的交叉融合，培养智能技术与思想政治教育质量评价融合的复合型人才。

三是树立守正创新的评价方法观。智能技术赋能思想政治教育质量评价不是对传统评价方法的颠覆性重塑，而是要在充分发挥已有方法手段优势的基础上循序渐进地拓展与变革。树立守正创新的评价方法观就是要在发挥传统评价方法优势的同时，推动智能技术应用于思想政治教育质量评价，让其焕发新的生机活力。运用智能技术时，要明晰其赋能思想政治教育质量评价的范围和限度，要保持常态性反思，对跑偏方向的方法及时予以纠正。

（二）拓展技术应用场景，提升评价效能

在数据感知阶段，针对思想政治教育思想数据采集难、多源数据集成难、异构数据标注难、过程数据留存难等现实难题，要加强数据智能采集和存储的基础设施建设，打造智能技术赋能思想政治教育质量评价的"数字底座"；构建一体化的内部评价数据共享平台，打破"信息孤岛"、数据壁垒；研发应用伴随式智能感知技术，面向学校、家庭、社区、网络等场域采集多模态过程性数据；加强对多源异构数据归约、转换、清洗、集成和自动标注技术的研发，实现评价数据的自动化、多空间、全过程、多模态采集和汇聚。

在建模计算阶段，针对多模态数据分析粗糙、评价模型精准性和解释性低等现实难题，要加强依赖词嵌入技术与神经语言模型等方法在思想政治教育数据特征提取中的运用，加强循环神经网络、卷积神经网络等深度学习算法在评价模型训练中的运用；要坚持理论驱动与数据驱动相统一，结合使用知识图谱、小样本学习迁移技术，汇聚更多的专家智慧，提升模型的可解释性。

在反馈应用阶段，开发应用人工智能大模型、虚拟现实技术、个性化推荐技术，从智能化、共享化、可视化和个性化等方面着手提升思想政治教育质量评价反馈应用的专业性，为思想政治教育者和教育对象提供个性化发展建议和学习路径。

（三）加强规章制度保障，规范评价行为

一是加强思想政治教育质量智能评价的制度供给。一方面，要推进思想政治教育质量智能评价顶层制度建设，制订思想政治教育质量智能评价相关发展规划、实施方案、行动指南，为明确评价目标、制订评价标准、确定评价职责、健全评价监管等提供重要依据。另一方面，要充分发挥地方教育部门和各级各类学校的自主性和能动性，持续细化国家层面的规章制度，形成具体、可操作的落地举措；对国家层面的制度规范还未出台或尚未涉及的领域，按照相关政策文件基本精神先行先试，设计本地区、本校的思想政治教育质量智能评价标准规范，并将典型案例、成功做法上升为国家制度设计层面，实现自上而下与自下而上协同推进思想政治教育质量智能评价实践进步和制度创新的融合共生。

二是逐步建立思想政治教育质量智能评价的规范标准。一方面，建立思想政治教育质量智能评价的数据规范。基于数据安全法、个

人信息保护法等法律法规，建立并完善思想政治教育质量智能评价数据采集、分析、共享、存储规范，为建立思想政治教育多模态数据共享安全保障机制、个人隐私数据分级保障机制以及智能评价系统访问控制与使用监管机制提供重要依据。另一方面，建立思想政治教育质量智能评价的技术标准。按照国家智能技术标准，借鉴国际智能技术标准，构建思想政治教育质量评价数据感知获取、连接分析、计算处理等环节所涉及的智能技术标准体系，保证智能技术赋能思想政治教育质量评价合理合法、科学有序。

推荐单位：重庆市政研会

作　　者：陈　科　谢佳琼

新就业群体思想政治工作研究

课题组联合秦皇岛市市区"两新"工委对快递、外卖、网约车及货运行业等新业态、新就业群体思想政治工作进行了深入调研，通过走访、发放调查问卷、进行个人访谈等方式，收集整理信息资料，建立思想政治工作台账，认真分析研究工作中存在的问题，根据工作实际提出对策建议。

一、基本情况

（一）人员规模及区域分布情况

秦皇岛市城乡快递配送体系主要由商贸企业、商贸系统内的各生产制造企业以及邮政企业多点支撑，乡（镇）、村大部分配有快递配送站点，包含邮政、圆通、韵达、顺丰、宅急送、优速等10余家主流快递公司，快递在城区设有站点，有固定员工2—7人。

从市场占有率看，外卖行业主要为"饿了么"和"美团"两家外卖运营中心，外卖骑手有 3600 余名。目前，网约车行业普及程度不同，据调查，全市有网约车平台公司 16 家，取得网络预约道路运输证的合规车辆 674 台，从业人数已达 3000 多人。货运行业同样存在各县区发展参差不齐的问题，目前已排查全市具备规模的货运企业有 63 家，党员总数 104 人。

（二）性别及年龄结构情况

从调研数据看，快递员、外卖配送员、网约车司机和货车司机等群体以男性为主，女性较少，占比约 30.3%。快递员年龄基本在 40 岁以下，占比 71.5%；外卖配送员较为年轻，年龄多在 35 岁以下，占比 89.7%。网约车司机和货车司机年龄多在 35—55 岁，占比 77.6%。

（三）受教育程度情况

快递员受教育程度在高中及以下学历的占 61.4%，外卖配送员受教育程度在高中及以下的占 76.2%，网约车司机和货车司机因年龄偏大，受教育程度相对比较低，高中及以下学历的占 80.7%。

（四）学习培训情况

由于时间比较紧，工作较为忙碌，快递员、外卖配送员和网约车司机参加过岗前培训、道路交通安全培训、安全卫生培训较少；货车司机多数在外地，集中进行培训难度较大，其中的运输安全培训都通过线上完成，培训率比较高，不合格的将会影响他们的运营审核。

（五）收入情况

通过调查问卷和走访座谈了解，快递员月工资主要集中在3500元左右，外卖配送员和网约车司机月工资主要集中在2500—6000元。货车司机收入相对较高，5000—10000元的占比76.7%，月收入万元以上的占比16.4%。北戴河区和北戴河新区是旅游热门地区，淡旺季差异较为明显，这对外卖行业收入有影响。暑期旺季的4个月（6—9月），外卖配送员工作时间长、工作强度大、工作任务重；但自9月下旬至第二年5月是8个月的旅游淡季，这段时间外卖订单量缩减，收入得不到保障。

（六）工作现状

新业态从业人员工作繁忙，普遍存在起早贪黑现象，快递行业规定的工作时间为早上7：00至晚上7：40，每月有4天左右的休息时间，遇到"618""双11"和春节等重要时间节点会取消休息日；外卖骑手工作时间较为自由，但大部分骑手日均工作时长超过10小时，88%的骑手每月休息时间不足2天，甚至有的为了全勤奖处于全年无休的状态。工作时间长、劳动强度大、生活节奏快，导致他们没有时间和精力去学习或参加活动，"领单就走、来货就跑"是这个群体的共性特征。

二、秦皇岛市开展新就业群体思想政治工作的探索

秦皇岛市深入推进思想政治工作体制机制、组织设置、方式方法创新，助推新就业群体融入基层治理格局，成为城市基层治理的

"好帮手"。

（一）理顺体制机制，确保思想引领"牵得住"

健全工作体系。动态调整市委"两新"工委成员单位，根据形势发展需要及时将交通运输、市场监管、邮政管理、旅游文广等行业管理部门纳入，着力构建地方党委负总责、组织部门牵头抓总、行业部门各负其责、街道社区兜底管理的工作格局。完善工作机制。建立联席会议制度，实行思想政治建设重点任务项目式台账管理，每月开展一次专题调研调度，精准发力破解新业态、新就业群体思想政治工作难题。压实工作责任。制订《关于深入开展新兴领域思想政治工作集中攻坚行动的实施方案》，提出建强党群组织、开展暖"新"行动等10方面重点举措，逐项明确牵头领导、责任单位和完成时限，推动新业态、新就业群体思想政治工作"有人抓、有人管、抓得实"。

（二）创新载体抓手，确保两个覆盖"推得开"

全面摸清底数。深入开展新业态、新就业群体思想政治工作体验式大排查，通过实地查看、个别访谈、发放问卷等形式，精准掌握工作底数。开展党员找组织、组织找党员的"双找"工作，让新就业群体党员找到"家"。灵活组织设置。依托市交通运输局成立网约车行业党委、货运行业党委，依托秦皇岛市市场监督管理局成立外卖行业党委，将行业思想政治工作融入服务企业、服务从业人员全过程。依托顺丰、美团等平台企业，探索更为直接有效的管理服务模式，在其属地成立快递行业党支部、外卖行业党支部，实现了"新业态发展到哪里，思想政治工作覆盖到哪里"。延伸群团触角。联合群团部门"同心促发展"活动，在建立行业党组织的同时，同步推动建立工会、共青团、妇联等群团组织，着力构建以党组织为核心，群团组织齐抓共创的良好格局。

（三）做实组织关爱，确保党群共建"统得起"

建设爱"新"驿站。在楼宇、商圈、党群服务中心等场所，设立爱"新"驿站120个，整合政策宣传、学习教育、便利服务等功能项目，打造关心关爱新就业群体的温馨港湾。实施暖"新"行动。深入开展"暖'新'在行动"活动，开展法律咨询援助、健康义诊、送清凉等活动34场次，提供服务1500余人次，解决具体问题180个。集聚各方力量。指导各级工会广泛吸收新就业形态劳动者加入工会组织，建立诉求受理绿色通道；各级团委打造"联青服务站"，为新业态就业青年提供心理疏导、求职对接等服务；各级妇联开展走访慰问活动，保障新业态女性从业人员的合法权益；各级红十字会对快递小哥、外卖骑手等新业态从业人员进行心肺复苏、创伤救护等专项培训，提升自救互救能力。

（四）赋能基层治理，确保优势作用"发挥好"

纳入基层网格队伍。充分发挥快递员"移动探头"作用，选聘128名责任心强的快递小哥担任基层治理信息员，边送快递边"找茬"，随时收集上报问题。拓宽行业监管渠道。充分发挥外卖骑手"食安哨兵"作用，选聘第一批12名优秀外卖小哥担任食品安全监督员，亮明身份后进入商家检查食品加工制作、环境卫生、清洗消毒等情况，现场纠正违法违规行为，并向市场监管部门反馈。建立长效工作机制。在新业态、新就业群体中，广泛设立党员先锋岗、党员红旗车、红色直播间，发挥身边党员的示范带动作用。推行党员参与社会治理积分制管理，通过兑换奖品、寄送表扬信、评选"最美快递员""最美骑手"等方式，提高新就业群体参与城市治理的积极性和主动性。

三、存在的问题

虽然通过一系列有效举措，在新业态、新就业群体思想政治工作方面取得了一定成绩，但还存在一些问题，需要继续努力，进一步发挥思想引领作用，凝心聚力促发展。

（一）思想政治引领有效覆盖不够

一是企业对思想政治工作重视程度不够。部分企业负责人对工作认识不到位，存在重效益轻思想观念，对加强思想政治建设意识不强，个别负责人对开展思想政治活动存在顾虑，担心生产经营受到影响。二是思想政治阵地建设不到位。新业态、新就业群体具有行业特殊性。例如，快递、外卖运转中心工作人员流动性大，未正式注册成立公司，各运转中心分布零散、规模小、从业人员组成复杂，大部分运转中心无党员，存在"无场所、无经费、无人员"的问题，缺少强化思想政治工作的基础条件。三是转接组织关系难度大。例如，在货运行业中，从事货运行业的人群中党员年龄普遍偏大，且其中大部分党员党组织关系均在户籍所在地或居住地，农村党员更愿意参加所在村换届选举、村集体活动，不愿将党组织关系从所在村党支部转出。司机本人多长期跑车在外，不愿因更换企业将党组织关系频繁转接。

（二）集中组织开展活动较难

一是统一时间较难。快递、物流等新就业群体工作地分散，人员流动快，岗位作息时间不同步，呈现出"人在路上，单在云上"的特点，统一时间组织开展活动难度较大，采用固有党员教育管理模式效果不明显。二是行业人员流动性较大。新就业群体往往存在从业时间短，工作更换频繁，流动量大，职业稳定性不高的情况。比如，截至目前，山海关区共有外卖从业人员161人，但是2015年至今，美团外卖的从业人员流动更换约2000余人，平均每年有250余人的流动性，超过了实际的在职人员。三是新就业群体的学历普遍偏低。一些从业人员更在乎追求经济效益，对思想政治方面工作了解不多，向组织靠拢的意愿较低，在融入基层治理工作方面存在思想认识不到位的问题。

（三）职业获得感较低

因快递物流、外卖配送等企业用工较为扁平化，对学历、专业等门槛要求较低，导致整体素质相对于非公企业人员有一定差距。同时从业人员中党员人数较少，在管理和作用发挥上也有一定差距。新就业群体平时忙于工作，很少参与社区和各单位举办的各类活动，有的人员职业获得感不够强，缺少对于城市的参与感、归属感和认同感。

四、对策建议

（一）"一盘棋"完善工作架构，织密面线结合、贯通有力的组织网络

针对新业态企业分布广、人员流动大、行业管理难等诸多实际，组织属地、行业主管部门开展地毯式、全覆盖走访，分门别类摸清新就业

群体底数、收集诉求建议，完成精准画像。"面上"多方联动。建立新业态、新就业群体思想政治工作联席会议制度，定期组织行业直属党委、相关部门协商议事，推动解决难点、堵点问题，以及思想认识上的困惑。"线上"层层推动。着力构建地方党委负总责、组织宣传部门牵头抓总、行业部门各负其责、街道社区兜底管理的工作格局，制订新业态、新就业群体思想政治工作重点任务清单、党员责任清单、关心关爱清单，及时吸纳新就业群体党员"归队"，推动组织"扎根"。"点上"集中破题。按照分类指导思路和"两个覆盖"要求，制订不同的工作计划。对于已经建立党支部的，要严格落实"三会一课"、主题党日、缴纳党费等制度，积极开展为民服务志愿活动。未成立党支部的，建立新业态领域党组织孵化指导站，明确党建指导员，驻企指导思想政治工作开展，将思想政治建设融入企业经营发展全过程。

（二）"一揽子"推出暖心服务，搭建线上线下、资源共享的互动平台

针对集中难、信息交流难、活动开展难等制约新业态、新就业群体思想政治工作的关键因素，积极搭建"线上线下"服务平台，重磅推出"关心关爱大礼包"，让新就业群体共享发展红利。线上，创设"指尖"微课堂。建立健全网上学习平台，通过微信等拓宽载体，运用信息网络技术把新就业群体思想政治活动连在线上，实现不见面的教育管理和服务联系。在新就业群体"学习交流群"中分享理论文章和视频课程，有效整合新就业群体碎片化时间，实现理论学习"触手可及"。精心录制党的二十大精神宣讲短视频，在微信公众号发布，帮助新就业群体职工随时学、随身学、随地学。线下，推出暖心"加油站"。统筹规划建设活动场所，保障有场所、有设

施、有标识、有书报、有制度，为新就业群体职工打造"学习微家"。依托社区党群服务中心、商圈、楼宇，打造"冷可取暖、热可纳凉、渴可饮水、伤可取药、累可歇脚、雨雪可避"的爱"新"驿站，为新就业群体提供阵地保障，也为流动党员找组织、找阵地提供帮助和指引。积极开展党的二十大精神"学讲促"活动，在爱"新"驿站设立"学习角"，组织党员和普通职工原原本本、逐字逐句学原文，引导新就业群体听党话、感党恩、跟党走。依托全市治超站，建设完善"卡友之家"司乘休息室，设置司乘人员临时休息、车辆维修、应急保障等配套服务设施，打造关心关爱货运群体的温馨港湾。

（三）"一股绳"汇聚新兴力量，凝聚双向奔赴、齐抓共管的治理合力

吸纳新就业群体人员加入"基层治理信息员""食品安全监督员"队伍，变身城市治理"合伙人"，在社区异常情况预警、社情民意传递、食品安全监督等方面发挥重要作用。在新就业群体中广泛开展亮身份、亮标识、亮服务、亮承诺等活动，时时处处发挥先锋模范作用。坚持党群共建思路，加快推进工青妇等组织建设，充分发挥组织优势，开展青年文明号、青年岗位能手、寻找"最美快递员"等活动，开展"春送祝福、夏送清凉、秋送助学、冬送温暖"的"四季"活动，联合医院、街道、人社等单位，提供"全生命周期"服务，提供劳动保障政策咨询、交通法规培训、急救知识讲座、继续教育培训等"一站式"、全方位关心关爱服务，提升新业态、新就业群体的获得感、幸福感和安全感。

推荐单位：河北省政研会

作　　者：李　默　杜万青　王景琦

山西省制造业产业工人网络思想政治工作特点和发展现状研究

当前，互联网已经成为思想政治工作的重要阵地，加强和改进网络思想政治工作，是顺应信息时代发展潮流的必然要求，对于进一步提升网络思想政治工作的质量和水平，促进制造业的健康发展具有重要意义。

一、制造业产业工人网络思想政治工作的特点

随着信息技术的迅猛发展，网络思想政治工作这种新型的工作模式不仅适应了时代发展的需要，也更好地满足了产业工人的实际需求。制造业产业工人网络思想政治工作主要具备以下特点。

（一）实时互动性强

网络思想政治工作具有实时互动的优势，可以随时随地与产业工人进行沟通交流。这种实时互动性使得思想政治工作者能够及时

了解产业工人的思想动态和需求，给予及时的反馈和帮助，从而增强了思想政治工作的针对性和实效性。

（二）内容形式多样

网络思想政治工作注重内容的多样性和形式的创新性。通过网络平台，可以发布文字、图片、视频等多种形式的内容，使得思想政治工作更加生动、有趣。同时，可以采用微课程、直播等新型传播方式，吸引产业工人的关注和参与。

（三）关注个性化需求

制造业产业工人群体具有多样化的特点，每名产业工人的需求和关注点都不尽相同。因此，网络思想政治工作需要关注个性化需求，针对不同产业工人的特点和需求，制订个性化的工作方案，以满足他们的实际需求。

（四）覆盖面广泛

通过网络平台，可以覆盖到更多的产业工人，无论是地理位置还是行业领域，都不受限制。这种广泛的覆盖面使得网络思想政治工作能够更好地触达每一名产业工人，提高他们的思想政治素质。

（五）教育效果显著

网络思想政治工作采用了现代化的教育手段和技术，能够更加深入地影响产业工人的思想行为。通过线上线下的结合，可以使得教育内容更加深入人心，从而提高产业工人的思想政治觉悟和道德水平。

（六）创新性要求高

随着信息技术的不断发展和产业工人的需求变化，网络思想政治工作需要不断创新和完善。这要求网络思想政治工作者具备创新意识和创新能力，不断探索新的工作方法和手段，以适应时代发展的需要。

二、山西省对制造业产业工人网络思想政治工作的实践探索

近年来，山西省在制造业产业工人网络思想政治工作方面进行了积极的探索，主要有以下几个方面。

（一）坚持党对产业工人网络思想政治工作的领导，始终把学习宣传贯彻党的创新理论作为网络思想政治工作的根本任务

山西省制造业企业始终把习近平新时代中国特色社会主义思想网上宣传作为重中之重，结合企业实际，通过微信、视频号、抖音、职工"微课堂"、线上交流会等形式，围绕习近平总书记重要讲话、出席的重要活动和重要会议，用心用情做好宣传报道，持续深化党的创新理论网上宣传，引导广大产业工人不断增进对党的创新理论的政治认同、思想认同、理论认同、情感认同，切实增强广大产业工人坚定捍卫"两个确立"、坚决做到"两个维护"的政治自觉、思想自觉、行动自觉；围绕高质量发展这一主题，奋力推动资源型经济转型、深化能源革命、打造内陆地区对外开放新高地、扎实推动共同富裕等的生动实践，讲好山西故事、传播好山西声音、塑造

山西美好形象。山西焦煤集团依托报纸、电视、网络、微信"四位一体"平台及宣传栏、电子屏等载体，开设"喜迎党的二十大""奋力赶超创一流"等专题专栏，图文并茂、视音同步，全平台推送、全方位覆盖，传播党的声音，深入学习治国理政新理念、新思想、新战略，持续推进习近平新时代中国特色社会主义思想入脑入心。

（二）坚持以广大产业工人为中心，始终把服务广大产业工人，走好网上群众路线作为网络思想政治工作的重要内容

思想政治工作解的是思想疙瘩，给的是心灵的钥匙。目前，山西省制造业企业改革已经进入深水区，部分制造业企业还处于优化期、磨合期，产业工人对企业认同感归属感不强，产业工人地域差异明显、思想文化多元、利益诉求多样，特别是个别企业因腐败问题，一度处于极端混乱无序、人心涣散低落的状态。从调研中发现，部分产业工人在主观心理上一时难以适应管理主体的变化，对原企业管理模式存在一定惯性。同时，现在社会发展节奏也比较快，产业工人工作生活的压力也比较大，许多人缺乏心理的归属感、确定感，浮躁、焦虑容易滋生和传播，这些都给制造业产业工人网络思想政治工作带来了诸多挑战。为此，山西省制造业企业进一步加强对经济形势和相关的就业、医疗、养老等一些热点问题的引导，对生活困难的个人和群体精准施策，深入细致地做心理疏导，进一步稳人心、向前进。华阳新材料集团在微信平台的基础上，建立"职工诉求平台"。通过"职工诉求平台"畅通思想政治工作通道，在"零距离"服务职工群众上创新思路，使大家足不出户就提出自己的意见和建议，从而实现少走路、多办事的目标。同时，在办公楼、任务楼、采掘楼等公共场所张贴二维码，方便产业工人扫码登录，

进一步促进了基层单位日常排查和干部下访工作，精准开展思想政治工作，了解产业工人所想、所思、所盼，同时确保登记方便快捷，涉及部门处置及时到位，数据查询翔实准确，大量矛盾问题被解决在了源头和基层，有效促进了产业工人队伍稳定，群众满意度大幅提高，为全矿良好有序发展营造了和谐稳定的社会环境。

（三）坚持强化价值引领，把培育和践行社会主义核心价值观贯穿融入网络思想政治工作的全过程

社会主义核心价值观不仅是一种理论认识，更是一种能够凝聚产业工人同心同德的价值指引。潞安化工集团将社会主义核心价值观建设同生产经营、企业管理相结合，通过打造社会主义核心价值观"一条特色路"、文明创建"一堵文化墙"，以及利用微信平台、广播站、宣传栏展板、LED 屏、发放倡议书、主题宣讲等"线上 + 线下"立体宣教模式，对社会主义核心价值观的内容及内涵进行宣传和固化，促进了"24 字"在干部职工心中落地生根。组织开展创建"文明网站"活动，促进互联网精神文明建设，营造文明和谐的网络环境。定期发布网络文明传播活动主题，动员产业工人积极参与相关主题的网上讨论，通过论坛跟帖、撰写博文等方式，传播宣传思想文化和精神文明建设的有关内容。

（四）坚持新发展理念，始终把创新工作方式方法，增加工作吸引力作为产业工人网络思想政治工作的重要抓手

新时代新征程，世界百年未有之大变局加速演进，中华民族伟大复兴进入关键时期，山西高质量发展稳中求进、全方位转型不断深化，战略机遇和风险挑战并存，这些都赋予制造业产业工人网络

思想政治工作许多新的课题。例如，面对迅猛发展的信息化浪潮，如何更加主动地抢抓发展机遇，有力有效应对新技术新应用给产业工人网络思想政治工作带来的重大考验？唯有锐意创新、勇于改革、积极开拓，才能回答好这些新的课题，让产业工人网络思想政治工作更好地体现时代性、把握规律性、富于创造性。晋能控股集团在开展网络思想政治工作过程中，充分调动各项人力、物力资源，优化调整新闻采编播发各项流程，加强内容转化，不断加深在媒体融合方面的探索与实践。在媒体深度融合、舆论引导力全面提升等方面大力提升数字化水平，借力数字网络技术，不断探索建设各种新型数字网络传播平台，实现了报、刊、网、端、微、屏等多种载体向全媒体数字传播平台的重大转型。

（五）坚持依法治网，始终把掌握网上舆论主动权，不断提高网络治理效能作为产业工人网络思想政治工作的重要举措

强化网络思政建设，离不开天朗气清、生态良好的网络环境。党的二十大报告指出，要"健全网络综合治理体系，推动形成良好网络生态"。随着经济社会的不断发展和国企改革的不断深入，经营理念、管理模式、员工结构也在不断发生变化，产业工人政治立场、思想观念、价值取向等受到网络各种正面、负面思潮的严重冲击，加强网络舆论引导，是宣传思想文化工作弘扬主旋律、传播正能量的必然要求，和谐、健康、稳定的网络舆论环境，是制造业企业高质量发展的重要保障。晋能控股集团晋城公司高度重视网评工作在网络社会治理中凝聚人心、汇聚力量的积极作用，组建一批高素质的网评员队伍，引导网评员利用新媒体平台正面发声，积极回应群众关切，抵制网络不良言行，营造风清气正的良好网络环境。

三、对策建议

由于网络的匿名性、开放性和互动性等特点，网络思想政治工作面临着诸多挑战。如何有效地开展网络思想政治工作，成为当前亟待解决的问题。现提出以下建议。

（一）强化网络思想政治工作意识

要充分认识到网络思想政治工作的重要性，将其纳入制造业企业党的建设总体布局中，加强对网络思想政治工作的组织领导。企业各级领导干部要带头学习和掌握网络思想政治工作相关知识，提高运用网络开展思想政治工作的能力。同时，加强对网络思想政治工作队伍的建设，培养一支既懂思想政治工作又懂网络技术的专业队伍。

（二）创新网络思想政治工作方式方法

针对网络传播的特点，制造业企业要积极探索和创新网络思想政治工作方式方法。要充分利用网络多媒体技术，通过图文、音频、视频等多种形式，将思想政治教育内容以更加生动、形象的方式呈现给企业产业工人。同时，借助社交媒体等平台，加强与产业工人的互动交流，及时回应产业工人关切，引导产业工人理性表达意见和诉求，结合网络热点事件和话题开展有针对性的思想政治工作，引导产业工人正确认识和评价社会热点问题。

（三）完善网络思想政治工作制度机制

要加强制造业企业网络思想政治工作的制度建设，完善相关制度机制。建立完善的网络舆情监测预警机制，及时发现和处置有害信息，维护网络意识形态安全；建立健全网络思想政治工作考核评价机制，将网络思想政治工作纳入企业党委工作考核评价体系和山西省每年组织的思想政治工作责任清单的考核测评中，推动网络思想政治工作落地见效；完善网络法律法规体系，加大对网络违法违规行为的惩处力度，为网络思想政治工作的开展提供有力保障。

（四）提高产业工人素质和媒介素养

产业工人是制造业企业网络思想政治工作的对象，提高产业工人素质和媒介素养是开展好网络思想政治工作的基础。要加强网络道德建设，引导产业工人自觉遵守网络道德规范，文明上网、理性发言；普及媒介素养教育，提高产业工人对媒介信息的辨别能力和批判意识，不轻信、不传播未经证实的消息和谣言；加强对青年职工的教育引导，培养他们树立正确的世界观、人生观和价值观，树立正确的网络安全观。

（五）加强和其他相关单位和部门的交流与合作

随着互联网的普及，网络思想政治工作已经不再是一个企业、一个部门的事情，需要各单位携手合作，分享在网络思想政治工作方面的经验和做法，共同探讨和应对互联网带来的挑战和机遇。

推荐单位：山西省政研会

作　　者：冯向宇　梁海峰　王　喆

黑龙江省青少年网络思想引领实践调研报告

近期，共青团黑龙江省委组建调研工作专班，对黑龙江省青少年网络思想引领状况进行专项调研。调研组制订专项工作方案，深入佳木斯、哈尔滨等地实地走访，观摩重点项目成果，听取网络思想引领情况工作汇报。其间，深入学校 11 所，召开主题座谈会 15 场，深度访谈 107 人，依托网络收回有效调查问卷 51627 份。调研组借助 SPSS 25.0 数据统计软件、NVivo 定性分析软件、CiteSpace 文本挖掘及可视化软件等，较为全面地掌握了黑龙江省青少年网络思想状况。

一、黑龙江省青少年网络思想引领工作总体成效

总体上看，黑龙江省青少年高度认同党的领导和国家发展成就，对中国特色社会主义道路充满信心。主流思想舆论新格局日益形成，官方新媒体账号影响力不断提升。其中，"黑龙江共青团"新媒体

账号全面发力，强化内容生产，注重品牌打造，深受青少年喜爱，有力增强了青少年思想引领工作成效。

（一）青少年思想政治状况总体向上向好

一是青少年对党和国家持有高度政治认同感。调研显示，青少年对我国改革开放 40 多年来取得的成就充满自豪，对实现中华民族伟大复兴的中国梦持积极态度；青少年普遍认为实现中国式现代化事关个人未来发展，是自己努力奋斗的内生动力。

二是青少年对黑龙江发展前景充满信心。调研显示，86.4% 的青少年认为黑龙江老工业基地与"大粮仓"将焕发新活力，75.4% 的青少年认为龙江冰雪经济潜力巨大。访谈了解，多数创业青年表示，黑龙江营商环境大为好转，数字经济大力发展，成效显著。综合可见，绝大多数青少年对黑龙江未来发展前景信心较足。

（二）主流思想舆论巩固壮大

一是官方新媒体辐射力不断攀升。通过收集与统计，新浪微博平台中主流媒体粉丝数量排名前 20 的账号平均粉丝量为 4580 万，其中微博粉丝数超 1 亿的主流媒体分别是人民日报、央视新闻及新华社。访谈了解，大部分青少年在关注社会热点时，更加倾向于官方媒体的报道和评论。官方新媒体传播渠道广泛拓展，活动声势不断提升，在青少年中具有较强的辐射力和引领力。

二是青少年网络文明素养逐步提升。调研显示，89.5% 的青少年在网上看到热点信息和相关新闻时，一般会先确认信息真实性再评论转发，55.1% 的青少年对热点事件有自己的独立判断。在数字媒体形态快速更替背景下，多数青少年依旧能够在话语平权之下保持清醒和思考。从新闻搜索高频词来看，青少年日常关注的重点内容主要有"中国""社会""发展"等。

（三）"黑龙江共青团"新媒体平台影响力持续增强

通过座谈访谈了解，青少年对"黑龙江共青团"新媒体平台认可度较高，为能够成为"黑龙江共青团"全媒体平台 1100 万粉丝之一感到骄傲，尤其对微信公众号综合影响力位列全国省级团委第一、全国政务榜单前五深感自豪。调研显示，"黑龙江共青团"新媒体平台政治坚定、大气理性、充满活力的网络"人格化"形象赢得了青少年真心喜爱。

一是"黑龙江共青团"新媒体平台已成为青少年学习党的创新理论的主要阵地。调查显示，67.6% 的青少年表示日常使用"黑龙江共青团"新媒体平台的频率较高，75.3% 的青少年积极参与"黑龙江共青团"新媒体平台开展的线上活动。在深度访谈中，大部分青少年表示对"黑龙江共青团"原创推出的《听懂共产党——讲给00 后的故事》《燃烧吧！青春》等融媒体产品较为喜欢，极大地增强了其学习理论的自主性和积极性。

二是"黑龙江共青团"新媒体平台已成为推介龙江、宣传典型的重要载体。调研显示，58.1% 的青少年对"黑龙江共青团"新媒体平台开设的《团团举英才》栏目、"龙江青年先锋"系列视听作品较为认可。通过座谈了解，青少年对"黑龙江共青团"重点推出的"龙江是我家"主题活动，尤其是围绕龙江旅游推介、产业发展、就业招聘等内容精心打造的"团团荐家乡"网上工作品牌十分喜欢。在座谈中，有青年表示"黑龙江共青团"新媒体平台已成为青少年走进龙江、了解龙江、爱上龙江的窗口。

《团团"荐家乡·举英才"行动》专题专栏获评中国正能量网络精品

二、黑龙江省青少年网络思想引领工作存在的主要问题

网络新媒体时代，平台和产品深刻改变着青少年交往、表达、情感乃至生存方式。官方账号如何稳固凝聚、有效互动，如何在正能量舆论场持续形成强大社会功能，都是亟须应对的现实问题。

（一）政务账号吸引力不足

调查显示，青少年对于主流意识形态思想引领内容互动意愿不强。座谈了解，部分青少年对部分官方媒体账号宣传话语体系不认同，达不到青少年对网络社交和线上互动的需求，青少年转发官方信息的意愿不强。

（二）主流文化产品形态单一

调查显示，目前自上而下的单向文化产品输出，不能满足青少年多元文化需求。座谈了解，青少年迫切希望官方文化产品形态更加多元，应进一步加大力度生产和传播一些基于龙江历史文化、具有鲜明青年特色的作品。

（三）平台服务能力有限

调查显示，在青少年通过网络重点关注的信息中，排在前四的是党政要闻、升学考试、教育改革、就业创业。大部分青少年表示，官方政务账号以单向信息传播为主，账号缺乏功能性模块，无法满足日常学习和工作需求。

三、黑龙江省青少年网络思想引领实践工作的对策建议

面对新形势新任务，必须坚持以习近平新时代中国特色社会主义思想为指引，深入贯彻落实党的二十大精神，聚焦青少年网络思想引领发展态势，尊重青少年思想意识形成规律，准确把握工作思路、正确处理重大关系、不断创新工作举措，在守正创新中展现新作为，构建党领导下的主体多元化、方式多样化、载体信息化、能力现代化、实效大众化的新时代青少年网络思想引领工作新格局。

（一）准确把握工作思路

结合新的历史方位特点，锚定网络思想引领工作的时代使命，全面学习贯彻习近平总书记关于网络思想引领工作重要论述的丰富内涵，掌握真问题、大问题、现实问题、核心问题和紧要问题，深刻把握网络思想引领工作总体方向。

一是由整齐划一转向统分结合。在工作规划上，牢牢坚持和明

确网络思想引领工作"为谁做""做什么"的高度统一，在"怎么做"上赋予更多自主权。在管理体系上，坚持各级党委全面领导，做好整体研判和顶层设计，宣传部门做好协调、管理，相关部门根据工作职责自主开展工作。在工作方式上，坚持开展主题教育、红色文化熏陶等"规定动作"，鼓励根据群体差异开展形式多样的"自选动作"。

二是由管理控制走向引导服务。青少年获取信息的渠道多元，不能搞"封杀式"管控，要建立高效准确的舆情预警和研判机制，跟踪、掌握舆情走势，精准、权威回应青少年关切和舆论关注。引导青少年积极参与主流网络活动，通过民意调查、方案征集等畅通参与渠道，开展网络直播、话题互动等吸引青少年，改"硬性摊派"为主动自觉参与。强化自媒体平台管理，严格执行"三审三校"，实行实名认证、定期审核制度，以更多正能量产品抢占自媒体平台"头条"和青年"朋友圈"。

三是在融合发展中打造全媒体矩阵。搭建"网、端、微"三位一体的网络媒体传播体系，充分发挥大数据、算法推荐和人工智能对信息生产、分发、反馈流程体系化的技术支撑作用，构建一次采集、多屏分发、立体传播、全面覆盖的思想引领格局。推动网络思想引领内容创新，融合新闻资讯、人文娱乐、民生服务和政务公开等栏目群，打造有特色、有深度、有温度、有高度的品牌内容。完善网络媒体运营机制，破除束缚媒体融合发展的体制壁垒，加强不同领域与业态网络媒体的有效互动，解决媒体内容同质、功能重复、力量分散等问题。

（二）正确处理几种关系

一是正确处理网络思想引领内容与青少年心理认同的关系。通过多种途径了解青少年心理需求，以更为丰富的内容满足不同年龄段、不同阶层青少年多元化精神需求。回应青少年关切，重视人文关怀、注重实践体验，提升青少年对主流意识的心理认同。

二是正确处理网络思想引领能力与信息建设水平的关系。通过加快人工智能技术应用、大数据中心建设等，推动网络思想引领工作手段创新、载体扩展，提升工作科学化水平。聚焦转型升级，坚持价值引领和能力驱动，大力推进数字化引领、结构化升级。

三是正确处理网络思想引领覆盖面与穿透力的关系。基于青少年获取信息的主要来源渠道，提高官方账号在各主要平台的入驻率。基于青少年对事物的认识规律，利用网络媒介加强青年化阐释、少年化解读，及时解决青少年现实需求，在有效服务中提升网络思想引领的穿透力，实现从影响向引领的转变。

（三）不断创新工作举措

一是坚持系统思维，形成整体联动局面。强化"系统抓、抓系统"工作理念。建立健全网络思想引领工作责任制，结合官方政务平台实际，制订和落实责任清单制度、定期分析报告制度、专题研究和学习制度，做到循序渐进、持续用力，形成省级统筹、上下联动、合力攻坚的工作局面，确保青少年网络思想引领工作连贯性，以"全领域发展、全流程参与、全战线统筹、全形态展现"思路构建思想引领大格局。坚持多平台协同发力。针对重点宣推内容，探索建立官方新媒体账号跨省、跨领域合作模式，形成联动机制，实现信息共用共享。针对热点敏感事件，加强多部门综合分析研判，在工作的相互衔接、预案的具体实施、评估的反馈检查、经费的基础保障等方面，加强统筹协调，整合资源、集聚力量，共同推动青少年网络思想引领创新发展。用好用活社会力量。调动一切可以调动的积极因素，建立与优秀新媒体企业合作机制，发动新媒体行业力量，使之成为青少年网络思想引领的重要手段，形成整体联动、一呼百应的强大正能量舆论场。

二是聚焦双向互动，持之以恒加强平台建设。站稳各类新媒体阵地。立足宣传、发声功能定位，不断保持和扩大网络宣传声势，团结凝聚各圈层青少年网友。多渠道增强新媒体工作力量，在推动各地新媒体阵地全面活跃的同时，做到重点任务协同发声，确保渠道四通八达、覆盖更多青少年。突出各平台建设特色。结合实际制订政务新媒体建设工作规划，积极推进新媒体中心建设，不断建强以微信、微博为基础，抖音、快手、B站、视频号等平台差异发展、齐头并进的新媒体阵地群。注重差异化运维，结合各自账号特点和用户画像，在保证日常运维基础上进一步做好线上活动、产品推广、日常直播、粉丝互动，增强平台黏性和互动性。紧盯服务导向功能。关注和支持青少年中弱势群体利益表达，探索建立形式多样、载体丰富的多维利益表达途径。在新媒体账号中增设智能化服务模块，积极助力青少年学习成长、创新创业、婚恋交友、权益维护，在强化服务中促进网络思想引领工作水平不断提升。

三是统筹优势资源，打造覆盖全面的产品体系。创新产品样态。适应以互联网为代表的信息技术发展趋势，尊重青少年认知规律和接受习惯，广泛生产传播图文、歌曲、音视频、动漫、微电影、表情包等样态产品，抢占网络思想引领新高地。形成品牌效应。以做强《团团荐家乡》《团团举英才》等品牌栏目为重点，充分发挥官方媒体作品牵引拉动作用，将青少年身边可亲可信可学的典型进行艺术包装，创作文化产品，用真人、真事、真情激励青少年学习先进、奋斗成才。推动产品共创。加强与社会机构、企业、自媒体合作，形成各级组织把方向出策划，专业人做专业事的生产模式，探索打造导向正、解读准、品质高，深受青少年喜爱的爆款产品。

四是健全保障措施，培养网络思想引领专业化队伍。保证充足工作力量。依托第三方聘任、实习生遴选、基层借调等方式，充实工作队伍，逐步培育一支了解文化、会做产品、善于推广的骨干队伍。加大研修培训力度。持续强化理论培训和实践锻炼，不断提高队伍政治素养和专业化水平，建立涵盖不同人员、不同主题、长期与短期相结合的培训项目体系，在拓宽视野中增强工作底气。推动理念创新。加强交流学习，开展调研考察，通过线上沟通、实地走访等方式，学习兄弟省市先进经验和有益做法，促进思想解放和观念更新，不断提升掌握青少年认知规律和网络传播规律的能力。

推荐单位：黑龙江省政研会

作　　者：徐长勇　张　涛　于　佳

以工业遗产改造项目为契机
弘扬民族工业精神

保护好、利用好工业遗产，对于凝结工业社会的见证与记忆、丰富工业文化的形式与载体、保留工业城市的基因与精神，都具有重要理论价值和现实意义。中车大连公司以习近平总书记关于文化遗产保护传承的重要论述为根本遵循，从全面挖掘文化遗产的多重价值"着眼"，从延续民族工业血脉"立意"，切实增强工业遗产保护的责任感和历史使命感，为保护传统文化、连结员工情感、触发东北老工业区的整体复兴、弘扬工业城市的精神与身份记忆提供媒介。

一、"析事明理"——把握工业遗产保护总要求

工业遗产和传统文化遗产一样，都是人类社会的宝贵财富，既见证了工业历史的进步与发展，又传承着精神文化与价值观。保护和利用好工业遗产有助于提升城市形象和文化软实力，对于推动地

方经济转型升级具有重要意义。

（一）厘清工业遗产保护的根本依据

2006年4月18日的"国际古迹遗址日"，中国工业遗产保护论坛发表了《无锡建议——注重经济高速发展时期的工业遗产保护》，呼吁要全面进行工业遗产保护。2018年11月，工业和信息化部印发《国家工业遗产管理暂行办法》，对开展国家工业遗产保护利用及相关管理工作作出明确规定。2023年3月，工业和信息化部又印发《国家工业遗产管理办法》。这些已有管理条例既是保护工业遗产的基本依据与出发点，也是新时代推进中国工业遗产保护事业的重要指南。截至目前，工业和信息化部共发布5批国家工业遗产名单，有助于从国家层面形成系统的工业遗产保护网络，唤起广大工商业单位与民众对于我国工业遗产的认知，从而为后续保护工作奠定良好的基础。

（二）领会弘扬民族工业精神的重要意义

中国工业从早期阶段就开始了广泛的自主开发，也激励了管理人员、技术人员和工人的献身精神和创造性。回顾中国75年发展道路，回顾中国工业发展历史，"独立自主、自力更生"是中国工业精神的标志，对国家发展具有重要意义。大连作为"共和国工业的长子"，历史悠久、基础雄厚、门类齐全，留有较多的工业遗产。一大批曾经在大连乃至中国工业建设中立下汗马功劳的机械设备面临着报废和被遗弃的命运，大量满载着几代人记忆的老物件、传统工艺濒临消失。如果不加以保护，我们可能会永远失去这些具有重要历史价值的珍贵史料。留住这些工业遗产，就是留住那段城市的历史，留住一个城市的发展文明。

二、"多维互动"——打造红色教育基地大舞台

中车大连公司充分挖掘利用工业遗产中的红色文化资源，打造爱国主义教育基地、机车工业展览馆等红色场馆，全视角、多层面、立体化构建传承弘扬红色文化路径，让红色基因成为企业发展和员工精神的"原生动力"，助力民族工业精神弘扬与创新发展。

（一）以高标准实施为统揽，促进红色教育基地建设科学化

红色爱国主义教育基地建设涉及范围界定、物项认定、保护与开发利用等各方面，同时又涉及公司内部之间、公司与政府和社会组织之间的协调联动，是一个复杂的系统工程。厘清家底、详尽的工业遗产调查清单是红色爱国主义教育基地建设的基础。中车大连公司在前期对工业遗产进行大规模调查摸底的基础上，系统梳理各个环节的工作内容与工作流程，统筹规划做好公司红色爱国主义教育基地建设工作。在此过程中，中车大连公司迅速建立工业遗产数据库，并对现有遗存进行专业的价值评估工作，有选择性地对濒危工业遗产进行优先保护，使有限的资源得到最大化的合理利用。同时，公司主动对接政府机构、专家学者，征询社会公众等多方面意见，制定适合现有遗存的红色教育基地建设指南与导则，指导红色教育基地区域的开发和再利用。

中车大连公司搬迁工作委员会下设企业文化组，由企业文化部协调各成员单位和相关单位，逐步开展并有效落实老厂区工业遗产保护工作。积极配合大连市工信局、文旅局以及文物专家等到公司

实地考察调研，对保护对象、保护范围、保护措施、利用方案、后期规划等进行了科学论证。2018 年，始建于 1889 年的"东清铁路机车制造所旧址（大连机车厂）"被列入《中国工业遗产保护名录（第一批）》中，彰显了其突出的历史、技术、社会价值，主要遗存包括机械加工车间、机车车间、动力车间、美制吊车、日制压力机、车床、厂长住宅等。旧厂址占地面积 13.78 万平方米的 18 处核心遗产物项，目前已被列为大连市工业遗产保护范围，列入第一批《大连工业遗产保护名录》，取得可喜的阶段性成果。"大连沙河

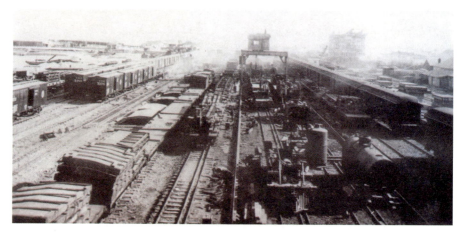

东清铁路机车制造所旧址

中车大连公司现存 18 处工业遗产清单

口铁道工场旧址"被列入中央企业工业文化遗产（机械制造业）名录。中车大连公司工业遗产保护项目的落地，提供了切实可靠的工作方法与参考依据，不断增强了工作的有效性和可持续性。

（二）以系统化方案为引领，体现红色教育基地建设规范化

实现红色教育基地建设的可持续利用是盘活和保护工业遗产的重要途径，利用性保护不仅体现出对历史与文化的尊重，也可实现工业资源全生命周期的再生循环。红色教育基地建设方式多样，因地制宜，各具特色，主要有博物馆模式、公共游憩空间模式、文化艺术产业区模式、综合复兴模式等。为更好地实现工业遗产保护和转型，在厘清存量遗产清单的基础上，坚持减量集约、绿色生态、职住均衡、多规合一等现代城市规划理念，制订系统化方案，精心发掘遗产潜力，科学策划老工业区的新型功能，有序推进红色教育基地建设和可持续利用，积极探索城市老工业区的有机更新路径，触发城市整体区域的复兴与繁荣。

中车大连公司企业文化部派人员到国内 20 余座工业展馆和文化创意园区学习考察，积极学习北京首钢园区、上海黄浦江沿岸工业遗产改造与再利用的先进经验，统筹考虑、统一规划，并结合建设红色教育基地等，最终形成机车工业文化园区、中车区域研发中心、人才高地建设方案，为项目筹备和施工提供依据、打好基础，全面打造具有"机车摇篮"特色的重点工业遗产保护示范项目。"红馆"红色教育基地作为中车大连公司永久性红色历史文化教育基地，是围绕中车大连公司 125 年辉煌历史，全面展示中国轨道交通装备行业发展与振兴历程的大型历史文化体验式综合性教育基地。通过直观展示和亲身体验，让相关行业及社会各界充分了解公司百年历

史、"摇篮精神"和企业文化，全方位体验中国铁路及轨道交通装备工业发展历程、红色传承、文化建设、技术产品、企业形象及未来展望，加深强化参观人员对公司发展战略的认同感，为企业发展和对外交流搭建广阔平台。

（三）以精细化落实为导向，保持红色教育基地建设常态化

红色教育基地建设并非一蹴而就，需要长期的多方努力与坚持，需要将保护指南与实践导则精细化落实到工作进程中，跟踪评估红色教育基地建设状况，定期考察现有工作，并做好反馈，为下一阶段的工作提供经验，同时针对问题作出适应性调整。大连机车红色教育基地建设正是基于公司的发展历史、经营业绩以及广大员工的行为，构成了红色基因孕育形成的物质基础与条件。危难彰显，历史铸就，时代催生，大连机车红色基因的积淀和产生源远流长，并不断得以丰富。正是这样一种特殊的红色基因，让大连机车一次又一次从困境中奋起，在赶超中超越，这种红色基因得以传承、融入血脉，凝聚起强大的精神力量，为红色教育基地建设常态化开展提供了坚强的思想保证和文化力量。

同时，中车大连公司红色教育基地建设工作团队深入各生产车间作业现场，访谈与探访机车厂老工人，对 18 处核心物质工业遗产进行全面普查，收集整理老厂区主要建筑和景观的影像资料、可反映工人生活和工业文化的物件以及相关企业史档案，按照"应保尽保、应报尽报、应用尽用"的原则，加强对各单位工业遗产保护工作的指导，做好老设备、老物件及相关资料的收集和整理工作并按程序申报，企业文化部及时汇总并公示。中车大连公司持续推进红色教育基地建设，定期进行整理汇报，形成阶段性报告与季度总

结，精细化跟踪老厂区的厂房、车间、设备的动态。通过公司官方微信公众号、官方抖音号等进行广泛宣传，充分调动各单位和广大员工参与红色教育基地建设的积极性和主动性。同时，中车大连公司红色教育基地建设团队常态化开展文化宣传日等活动，向大连市民展示企业历史与文脉，强调公众参与，关注工业遗产与社区、居民之间的关系，以期最大限度发挥民族工业文化的社会经济价值。

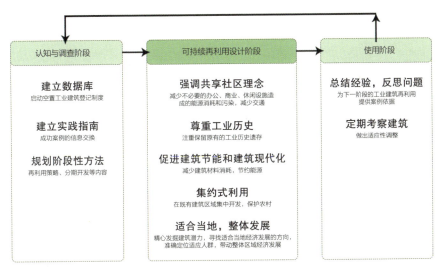

图1　工业遗产再生循环过程

三、"长远谋划"——持续讲好工业文化故事

保护是前提，利用才是目的。工业遗产不同于一般的文物或传统红色资源，在保护的同时必须妥善加以利用，才能真正将其价值发挥出来。我们要深入贯彻习近平总书记2019年11月在上海杨浦滨江考察时关于"工业锈带"变"生活秀带"的重要讲话精神，充分发掘工业遗产蕴含的历史价值、经济价值、生态价值、教育价值，

让工业遗产"活"在当下、"秀"出风采，使之成为发展新业态、创造新动力、拓展新空间的独特资源。

（一）"能保则保"让遗产"留得住"

对搬迁单位的老设备、老物件以及各种史料，继续进行实地调研和情况梳理，收集整理各个发展时期、各种工艺环节的重要实物和资料，强化对传统生产工艺流程、人工技艺等非物质文化遗产的保护，最大限度增加工业遗存"保有量"，分类建立工业遗存管理数据库。同时，注重发掘提炼其蕴含的历史背景、文化意义和企业精神，让老旧厂房、过旧设备、陈旧资料能够默默"诉说"着当年的芳华。

（二）"修旧如旧"让文化"有魅力"

严守 18 处工业遗产地域保护"红线"，在保持历史原真性的前提下，对区域内的建筑物、构筑物及景观区进行提升改造。在保持特有的建筑风格和内部结构的基础上，拓展以"机车工业"为主要元素的公益、商业、休闲等新功能空间，充分展现传统工业建筑中独有结构所能创造出的意趣。学习借鉴国内外工业遗产保护领域的有益实践和经典理论，开发特定工业遗产保护和再利用模式，精心打造所在市区的必游题材、打卡之地、黄金项目，使其成为知识经济时代工业遗产保护利用的新载体。

（三）"红色赋能"让信物"焕容颜"

工业遗产保护不仅要"护其貌、显其颜"，更应"铸其魂，扬其韵"。中车大连公司在坚持党的领导、振兴民族工业的发展历程中，以自制设备和机车产品为代表的"红色信物"，留下了中车乃至国家层面的集体记忆。要以工业遗产为"红色"教材，诠释中车文化，展示时代精神，建设中车爱国主义教育基地和"四史"学习教育课堂，感受几代中车人勇于创业、善于创造、敢于创新的革命精神，讲好大连机车工业遗产的"红色"故事。

（四）"匠心改造"让老厂"变地标"

中车大连公司延续轨道交通特色，传承红色基因血脉，采用"工业遗产＋"的方式，融合形成"红色文化、科创中心、工业文旅、高端商业"四大功能区。承接大连老工业城市发展转型、品质提升等相关任务，建设机车主题文化公园、打造人才高地，构建中国机车工业的多层次展示体系，将工业生产空间更新为城市公园、文体活动空间、科普教育场所等，为人民群众创造多业态多模式的公共文化和休闲旅游体验。要留住历史记忆，扮靓城市形象，履行央企责任，打造工业遗产保护利用示范区。以标志性项目提品质、优服务、创品牌，推动大连文旅产业焕发新的生机活力，为打好打赢新时代"辽沈战役"，贡献中车大连公司的智慧与力量。

推荐单位：辽宁省政研会

作　　者：卢　杰　王柄成　张博洋

基于新时代"枫桥经验"与"四下基层"一体贯通方法论的国有企业思想政治工作研究

习近平总书记在浙江考察时指出，要坚持好、发展好新时代"枫桥经验"，坚持党的群众路线，正确处理人民内部矛盾，紧紧依靠人民群众，把问题解决在基层、化解在萌芽状态。"四下基层"，是习近平总书记在福建宁德工作时大力倡导并身体力行形成的工作方法，是践行党的群众路线的重大创举。新时代"枫桥经验""四下基层"作为基层治理生动案例，把"化解基层矛盾纠纷"作为重大任务，把"发动和依靠群众"作为重要路径，把"用心用情教育改造群众"作为落脚点，其核心要求与思想政治工作精神同源、内核同质、目标同向。因此，传承好运用好新时代"枫桥经验""四下基层"，将为推进思想政治工作守正创新发展开辟广阔空间。浙江电力将新时代"枫桥经验""四下基层"中蕴含的方法论，创新运用于国有企业思想政治工作。

一、基于新时代"枫桥经验""四下基层"一体贯通方法论的国有企业思想政治工作基本内涵与实践探索

浙江电力努力构建基于新时代"枫桥经验""四下基层"一体贯通方法论的国有企业思想政治工作实践范式。具体内容为：在责任主体上一体贯通，自上而下发挥党员干部带头作用，自下而上凸显基层员工自治力量，努力形成"人人都是思想政治工作者"局面，回答思想政治工作"谁来做"；在方法路径上一体贯通，自上而下加强破除顽疾，自下而上做好源头预防，不断提升基层思想政治工作质效，回答思想政治工作"怎么做"；在手段载体上一体贯通，自上而下做实理性教育，自下而上做细感性关怀，推动思想政治工作守正创新发展，回答思想政治工作"做什么"；在体制机制上一体贯通，自上而下强化顶层统筹，自下而上健全保障机制，构建共同推进思想政治工作大格局，有效保障思想政治工作"做长久"。将"一体贯通"的方法论运用于思想政治工作，进一步发挥思想政治

图1　基于新时代"枫桥经验""四下基层"一体贯通方法论的国有企业思想政治工作实践范式

73

工作得人心、暖人心、稳人心的作用，有力推动企业高质量发展。

（一）在责任主体上相贯通，加强"干部带头"和"员工自治"一体融合，努力形成"人人都是思想政治工作者"的良好局面

一是把党员干部作为主导角色，增强"下沉"的意识和能力。"下沉"工作法是一种意识、一种能力，需要党员干部把学习"沉"下去、把身子"沉"下去、把脚步"沉"下去、把问题捞上来。以"学"拔高站位。以习近平新时代中国特色社会主义思想为主题主线，开展"第一议题"学习，严格落实党委理论学习中心组年度学习计划，建立巡听旁听机制，每年至少举办1期读书班，提高党员干部运用党的创新理论的立场观点方法分析解决问题的能力。以"听"了解实情。结合"党建联系点"制度，利用各类主题教育契机，扑下身子，深入基层开展调查研究，从倾听群众"说话"中查找短板不足，寻找问题根源，制订更加契合群众需求的帮民解忧措施。以"管"赢得信任。与员工群众打成一片，从大处着眼、小处着手，"管头、管脚、管肚皮"，落实《十必谈、十关怀》制度，从结婚、生子、住院、高中考等方面，全方位做好暖人心的工作。

二是把基层群众作为依靠对象，提升"自治"的成效和水平。既把员工群众作为工作对象，也把员工群众作为依靠力量，架起一座座联系员工群众的"心桥"，助力企业和谐稳定。营造"人人都是宣讲员"氛围。在不同层面组建活跃在之江大地宣传党的理念、讲出电网故事的理论宣讲团队。连续多年开展"书记开讲"微型党课竞讲活动，选拔"红船·光明讲师"，组建"青马"宣讲团，推出各种线上线下理论宣讲"潮课"，让员工群众成为"学"的主角、"讲"的主力。发挥"人人都是网格员"作用。坚持"分级管理、逐级负

责、党员带动、群众联动"的原则，构建思想政治工作多级网格，充分发挥网格员"宣传""观察""信息""监督"4个作用，实现上情下达和下情上传无障碍、信息收集和协调处置无延时。建立"人人都是调解员"机制。培育"电力老娘舅"，践行"情感五步法"，做到"日常多一点串门，抓苗头问题""紧要多一点下沉，抓敏感节点""个例多一点叮咛，抓重点对象"，实现矛盾调解和群众自治。

（二）在方法路径上相贯通，加强"破除顽疾"与"源头预防"一体融合，努力提升基层思想政治工作质量和水平

一是做实"破除顽疾"，走进群众心中。坚持"深入群众、直面难题"，通过解决群众最困难、最困扰、反映最强烈的实际问题，把工作做到员工群众的"心窝里"。筑好民意"瞭望哨"。强调各级领导干部要以身作则，结合主题教育"察实情、出实招"专项行动，通过问卷调查、座谈访谈、随机走访、征询意见等深入基层一线了解群众的烦心事，发现查找工作中的差距。构建解题"共同体"。针对顽瘴痼疾，层层落实组织协调责任，领导人员全面负责、全程把关，责任部门直面问题、各司其职，形成整治合力。完善建立定期例会工作机制，加强整治跟踪指导。打通服务"最后一公里"。深化党员干部联系点制度，开展党员群众结对帮带，"问需上门"走访现场解决难题。建立"基层要情通道"，形成遍布全公司各层面的员工代表意见建议征集网，各相关部门及时答复解决。

二是做好"源头预防"，营造和谐氛围。坚持"思想问题、防早防小"，对容易诱发政治问题特别是重大突发事件的敏感因素、苗头性倾向问题，做到眼睛亮、见事早、行动快，把隐患消除在萌芽状态。坚持"早调研"的常态沟通。常态化高质量开展形势任务

教育，及时学习中央重大决策部署，宣贯企业战略任务。在重大自然灾害、安全生产事故等突发事件、特定时期，及时推广"书记谈心日""党支部书记在现场"等面对面的调研交流，赢得员工理解支持。实现"早发现"的动态预警。建立省市县三级思想动态调研机制，以"百人谈心、全员座谈"为载体，实施"思百人所思"谈心工程、"想百人所想"交心工程、"愿百人所愿"凝心工程。打通业务系统数据通道，以大数据分析的方式及时预警基层员工思想状态和班组氛围，确保做到问题早发现。保持"早解决"的行动自觉。实行"一联一访一登记"走访联络机制，通过定期走访联系对象，现场为群众解决问题。深化"我为群众办实事"机制，做到"情况在一线掌握、感情在一线融洽、问题在一线解决"。

（三）在手段载体上相贯通，加强"理性教育"与"感性关怀"一体融合，努力推动新时代思想政治工作守正创新发展

一是强化"理性教育"，凝聚思想共识。通过正向的教育引导、理念传播、行动体验，转变员工群众的思想观念，夯实企业共同的思想认识基础。引导"正"的方向。整合浙江省红色资源，创新探索"课堂＋基地"实训模式，打造"红船·光明"立体式教育载体，把党性教育、思想教育课堂搬到红色教育基地，增强听党话、跟党走的思想自觉和行动自觉。构建以党内政治文化为引领，凸显浙江文脉、电力特质的企业文化主题实践，擦亮"阳明心学""南孔有礼"等百张文化名片。提供"理"的补给。将"说理"寓于为基层优生态中，重点打造好"政治辅导员、合规护航员、廉政监督员"3支队伍。将"说理"寓于为企业优环境中，联合政法系统成立"电力矛盾纠纷调解中心"，定期深入街头巷尾、田埂农地、工地现场，做好热心服务、矛盾化解工作。搭建"行"的平台。因地制宜打造汇聚智能办电、便民惠民、科普教育等功能的"红船·光明驿站"，结合实际成立省市县三级管理的"红船共产党员服务队"，开展"幸福蜗居"、"小草"志愿服务、"千户万灯"等具有电网特色的新时代文明志愿活动。

二是细化"感性关怀"，增强情感认同。求同存异做好人文关怀和心理疏导，着力解决人文关怀和心理疏导不够、思想政治工作温情不足的问题。构建理性平和"心"网络。依据心理关怀对象的直接诉求，逐级加强"心灵港湾"建设。建立"专家工作室""志愿者服务队工作站"，搭建"专家—志愿者—员工"三级工作组织，实现组织网格化覆盖。筑起温暖互助"心"堡垒。构建国企互助关爱体系，推进"服务型党组织"建设，实施"我为员工办实事"项目，为G20杭州峰会、零碳亚运组建"暖心后援团"，以点带面形成多部门联合、全链条闭环的服务保障体系。滴灌个体阳光"心"天地。深入开展员工心理健康测评和员工心理疏导，同时推进"阳光心灵家园"建设，实施以听心声、解心结、暖心窝、鼓心劲、拓心胸为内容的"走心工作法"，有效提升员工幸福指数。

（四）在体制机制上相贯通，加强"顶层统筹"与"基层保障"一体融合，努力形成共同推进思想政治工作的大格局

一是着力构建"层层贯通"的思想政治责任体系。提升思想政治工作科学化规范化制度化水平，形成层级清晰、传导有序、管控有力的责任体系。构建"多元发力"的体系架构。以党组织为核心，以党组织负责人为龙头、政工干部为骨干、干部员工为主体，党建组织系统、行政系统和其他群团系统相结合的工作体系，形成了思

想政治工作事业共同体。构建"协同有序"的运转模式。发挥党委的中枢协调作用，压实各级党组织在思想政治工作中的政治责任。切实发挥工团思想政治工作上服务群众的桥梁作用。压实职能部门负责人思想政治工作一岗双责，确保组织领导集中，组织运行协调，工作推进有序。构建"同步联动"的重要议事制度。将思想政治工作纳入重要议事日程，党委协同工团等组织，加强对思想政治工作领域重大问题的研判和指导，做到思想政治工作和业务工作同部署、同推进、同落实。

二是着力健全"基层发力"的思想政治保障机制。持续推进思想政治工作制度化、规范化，让其在基层业务各个环节领域持续发力，服务好中心大局。完善思想政治工作定期报告制度。组织公司各级党委定期向上级党组织全面报告思想政治工作开展情况，制作及时反映员工思想动态"分析报表"，推动思想政治工作精确制导、精准发力。完善思想政治工作评价指标体系。坚持基本指标与参考指标相结合的原则，兼顾不同单位差异、结合单位特点设置灵活化的评价指标，推动企业思想政治工作的目标与社会发展目标相一致。完善思想政治工作考核管理链条。将思想政治工作纳入党建综合考评，将日常考核与年度考核相结合，运用数字化工具，全周期多维度记录结果。注重考核结果的信息公开与结果反馈，为工作螺旋上升提供保障。

二、成果与成效

（一）高举旗帜统一思想，"电等发展"的动能更加磅礴

2003 年 12 月 30 日，时任浙江省委书记的习近平同志提出了

"宁肯电等发展，不要发展等电"的重要嘱托。浙江电力坚持把理论学习成果转化为坚定理想信念，转化为践行"电等发展"重要嘱托的强大动能。落地落实"双碳"行动、能源转型等重大战略，打赢零碳亚运、防汛抗台等大战大考，获得党和国家领导人批示9次。

（二）化解矛盾稳定人心，"改革创新"的步子更加有力

各级领导干部走基层做调研，用平等、尊重的行动赢得了员工群众的支持和信任。公司全面深化改革的各项工作得以有序推进、顺利完成。"双百改革"、"科改示范行动"、董事会职权等试点高质量实施，现代治理体系初步形成。电力体制改革稳妥有力推进，推动企业发展从规模扩张型向质量效益型转变。

（三）强基固本筑牢堡垒，党的政治功能和组织功能更加强化

深化大抓基层的鲜明导向，激发员工群众"走在前、作示范"的"精气神"，推动基层党组织建设成为有效实现党的领导的坚强堡垒。创新实践"旗帜领航"党建工程，大力弘扬红船精神，建成"红船精神、电力传承"主题馆和"红船·光明"阵地300余个，涌现"时代楷模"钱海军等一批全国全省先进典型。

推荐单位：浙江省政研会

作　　者：郑孙潮　段　军　沈　广

张胜鹏　曹　蕴　王岚岚

用好红色资源为中国式现代化建设凝聚精神力量研究

党的十八大以来，习近平总书记发表一系列关于传承红色基因的重要论述，强调要把红色资源利用好、把红色传统发扬好、把红色基因传承好。盐城市对推进红色文化传承发展情况开展调查研究，与党史军史研究专家、红色资源保护利用从业人员座谈交流，研究总结推进红色文化传承发展的特色优势和实践路径。

一、盐城推进红色文化传承发展的特色优势

（一）盐城人民为中国革命作出的贡献和牺牲是盐城红色文化的重要基石

从 1940 年 10 月苏北抗日根据地建成到 1942 年 12 月新四军军部向淮南根据地转移，新四军军部在盐城的两年时间里，与盐城人民结下了深厚的军民鱼水情，陈毅托子等许多感人的故事流传至

今。从 1940 年 10 月南下华中到 1945 年 9 月挺进东北，黄克诚同志领导的新四军第三师（军部重建前为八路军第五纵队）驻扎在阜宁坚持抗战长达 5 年，是抗战时期新四军的主力部队之一。在盐城的红色革命斗争中，无数盐城儿女献出了宝贵生命，登记在册的烈士 15656 名，另有无名烈士 2000 多名。

（二）革命前辈留下的革命精神和锻造的优良作风是盐城红色文化的思想源泉

盐城红色基因是在长期的革命斗争中形成的，其形成的每个阶段，都对盐城历史发展产生了深远而持久的影响。新民主主义革命时期，盐城地区的党员干部和人民群众浴血奋战、百折不挠。新四军革命精神和优良作风的持续融合，彰显着盐城红色文化的特有光辉。

（三）遍布盐城的红色遗址遗迹和革命纪念地是盐城红色文化的物化形态

盐城红色基因表现为物质、精神和制度 3 种形态，特别是物质形态的红色基因数量众多且分布广泛。物质形态方面，全市现有不可移动革命文物 172 处、馆藏革命文物 5766 件（套），市级及以上爱国主义教育基地 98 处（图 1）、革命遗址 248 处（图 2）、红色物质基因数量和其中的重要资源数量均居全国前列。全市以烈士命名的镇（村）128 个（图 3）、烈士纪念设施（陵园）96 个。精神形态方面，伟大建党精神在盐城不同时期得到丰富和拓展，特别是新四军的革命精神已成为盐城最显著的地域精神，也是江苏 4 种革命精神的重要组成部分。制度形态方面，主要表现为党在各个

图1 盐城市市级爱国主义教育基地

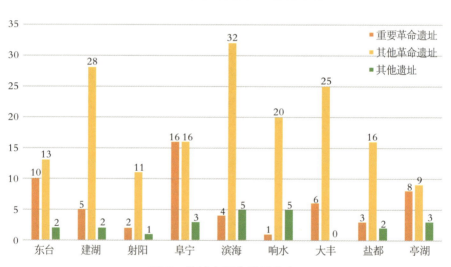

图2 盐城市革命遗址分布

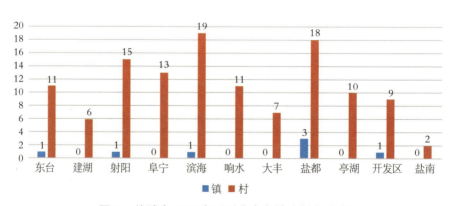

图3 盐城市128个以烈士命名镇（村）分布

历史时期所创建的理论、纲领、路线、方针、政策等一系列制度文化。

（四）创作并流传在盐城的红色文艺作品和民间故事、歌谣、标语口号等，是盐城红色文化的记忆符号

在艰苦的敌后抗战中，新四军中的文艺工作者创作了大量反映部队作战、根据地建设的歌曲。其中，一些优秀的歌曲至今仍被传唱。1941年2月，刘少奇、陈毅亲自指导筹建鲁艺华中分院，将抗战宣传与文艺演出有机融合，尤其是鲁艺的戏剧创作与演出更是独树一帜，他们创作的系列剧目，在根据地抗战文化活动中影响甚大。

二、盐城推进红色文化传承发展的现状

近年来，盐城市充分发掘革命老区文化资源，着力打造红色文化品牌，在推进红色文化传承发展上取得良好成效。

（一）突出"管得好"，着力打造红色资源保护高地

积极实施革命遗址修缮保护工程，新四军纪念馆、抗大五分校旧址等9处革命遗址列入首批修缮提升工程名单，粟裕指挥部旧址（大丰）等8处作为第二批革命遗址修缮提升项目。2018年9月21日，江苏省第十三届人大常委会第五次会议全票通过《盐城市革命遗址和纪念设施保护条例》，这是盐城市自2015年行使地方立法权以来制定的首部历史文化保护方面的地方性法规，也是江苏省首部红色文化资源保护方面的地方性法规。

（二）突出"研得深"，着力打造红色精神阐释高地

设立 8 个新四军方面的研究机构，各级党史部门完成抗战课题调研及革命遗址普查并形成相关普查报告。编辑出版《红色盐城百年记》《新四军在盐城》《红色地名盐城印记》《新四军领导人论铁军精神》《刘少奇在盐城》等图书。《苏北根据地日人反战运动》《论苏北抗日根据地历史特色》《苏北根据地抗战文化综述》等论文为红色文化传承与发展提供了坚实理论基础。

（三）突出"用得活"，着力打造红色旅游发展高地

编印红色地图，对 248 处红色遗址遗存和 128 个烈士命名村镇的写景式符号呈现，展示每处点位的革命历史遗迹、革命村落及爱国主义教育基地等信息。大力实施"红色文化 + 旅游"行动计划，形成 10 条经典红色旅游寻访线路（表 1）。

表 1　盐城经典红色旅游寻访线路

序号	线路名称	主要景点	所在区位
1	红色盐城威名扬 英雄无敌新四军	新四军纪念馆—新四军重建军部旧址—泰山庙—盐都革命陈列馆—大丰上海知青纪念馆—八路军新四军白驹狮子口会师文化景区—梦幻迷宫—东台黄海森林公园	东台 盐都 亭湖 大丰
2	悠悠串场河 铮铮铁骨情	三胡故里—新四军纪念馆—海盐历史文化景区—新四军文化林—八路军新四军白驹狮子口会师文化景区—梦幻迷宫	盐都 亭湖 大丰
3	沿黄河故道 寻红色足迹	阜宁新四军盐阜区抗日阵亡将士纪念塔—黄河故道桃花源生态经济区—中共中央华中局第一次扩大会议旧址—七彩阜宁农业公园—金沙湖旅游景区	阜宁
4	传承鲁艺红色基因 彰显文化魅力	新四军纪念馆—华中鲁艺抗日殉难烈士纪念碑—收成阻击战纪念塔—九龙口旅游景区—大纵湖国家湿地公园	建湖 盐都 亭湖

序号	线路名称	主要景点	所在区位
5	念念不忘革命史 "红帆之港"谱新曲	黄海森林公园—巴斗村—条子泥—弶港文化展示馆—三仓兰址村—三仓粟裕将军墓—黄逸峰故居—西溪天仙缘景区	东台
6	重燃革命情 会师狮子口	大丰上海知青纪念馆—大丰革命烈士纪念馆—恒北村—八路军新四军白驹狮子口会师文化景区—梦幻迷宫—钱氏卷瓦楼	大丰
7	聆听红色故事 不忘初心使命	中共华中工委纪念馆—后羿文化园—新坍镇新潮红色文化传承馆—淮海农场历史陈列馆	射阳
8	正红故居瞻先烈 八滩战斗留英名	顾正红烈士故居—盐阜大众报旧址陈列馆—宋公堤遗址—月亮湾旅游度假区—八滩烈士陵园	滨海
9	云梯关口捍海疆 军旗高扬陈家港	响水云梯关—六套革命烈士纪念碑—陈家港张爱萍指挥部旧址	响水
10	都市产业 红色硕果	华人运通—东大门 KK-PARK 国际街区—新四军文化林—五条岭烈士陵园	开发区

（四）突出"融得紧"，着力打造红色文化展示高地

运用杂技、淮剧等具有代表性的表现形式，创作推出淮剧《宋

红色题材淮剧《宋公堤》巡演现场照

公堤》《送你过江》《雪枫卖马》、杂技报告剧《芦苇青青菜花黄》、音乐剧《白兰花》、广播剧《那一抹红色》等一批红色精品剧目。举办"红动盐城"主题联展联演活动，编导《红色印迹》专场文艺晚会，组织淮剧《宋公堤》、曲艺剧《盐阜往事》等进京。在影视作品开发方面，配合拍摄《红色丰碑》《呼唤和平》《罗生特》《柳堡的故事》《我的绝密生涯》等多部反映抗日根据地及新四军将领在盐城的电视剧、纪念性专题片。

三、盐城红色文化传承发展面临的问题

当前，盐城推进红色资源保护利用、红色文化传承发展取得了阶段性成效，但各地各部门实际工作中仍存在一些不足和问题，具体表现在：

（一）保护利用机制仍需完善

从管理主体来看，红色文化资源涉及管理主体比较多，各类红色文化资源在政策扶持、资源整合、开发利用等方面参差不齐。从分布特点来看，红色资源分布较为离散，一些红色遗址离主干道较远，层次不高、仪式感弱的现象比较突出。

（二）文物史料征集仍需加强

盐城现有馆藏革命文物 5766 件（套），其中，新四军纪念馆馆藏革命文物有 3154 件（套）。与上海中共一大纪念馆（12 万件 / 套）、周恩来纪念馆（4 万件 / 套）等地的馆藏文物数量相比，仍有一定差距。受多种因素限制，绝大部分场馆对征集收藏的文物、实

物缺乏科学保护措施，资金投入与革命文物数量和保护资金需求也不相适应。

（三）人才建设困境仍需破解

在红色文化研究、文物保护管理等方面的专业人才比较缺乏。此外，红色文化人才队伍在发展环境、管理体制、保障机制等方面仍需进一步完善。新四军纪念馆在馆务工作、史料研究、讲解接待、活动组织等方面力量较为薄弱，宣教功能作用发挥不充分。

（四）文旅融合质效仍需优化

红色文化与旅游融合发展还需深化，红色场馆展陈简单陈旧、红色旅游线路运营效应不足等问题明显，吸引力不足。"红色+"旅游模式还处于探索阶段，拓展资金来源渠道的造血能力不足。红色文化新业态较少，盐城红色文化IP的效应和价值还需提升。

四、盐城深化红色文化传承发展的实践路径

盐城将持续打造"铁军魂　盐城红"红色文化品牌，大力弘扬新四军革命精神，着力深化革命传统教育和爱国主义教育，重点组织实施五大工程。

（一）实施红色资源挖掘保护工程，夯实红色阵地建设

一是盘清红色家底，搭建红色资源"全矩阵"。对现有红色资源进行全面排查、分类造册、评估管理，建立红色资源目录和大数据库。编印出版《盐城红色文化地图册》，将各类红色资源进行收

录汇编整理。

二是挖掘红色史料，扩充党史文献"数据库"。加快口述史收集与汇编，通过寻访革命后代、烈士后人等，找寻被遗忘的"红色资源"。深入研究新四军发展脉络，整理红色故事，编纂出版《新四军全史》《红色足迹》《阿英在盐城》等一批新四军题材的党史类书籍，形成有价值的党史研究成果。

三是加强保护修缮，织密革命文物"保护网"。深入实施革命文物保护利用工程，统筹好抢救性保护和预防性保护、本体保护和周边保护、单点保护和集群保护等工作，编制《盐城市革命文物保护利用规划》，加强对革命文物的收集、整理、维护，持续开展保护革命文物公益诉讼专项行动。

（二）实施红色基因研究阐释工程，塑造城市精神内涵

一是多维度开展研究阐释。组织市委理论学习中心组开展习近平总书记有关重要指示精神专题学习研讨，举办"新四军革命精神丰富内涵和时代价值""新四军的群众路线"等理论研讨会和征文活动，组织挖掘盐城蕴含的红色文化内涵和时代价值。

二是多手段开展社科立项。在社科奖励基金项目中安排红色文化资源调查、保护利用、传承弘扬等课题，充分调动积极性。面向省内外发布盐城红色文化研究专项招标课题，以"揭榜挂帅"的形式组织专项委托课题，积极组织申报国家、省社科优秀成果。

三是多层次开发生动教材。完善新四军历史课程体系，面向党校主体班、大中小学开发新四军专题教学教材，综合运用讲授式、体验式等教学方法，把新四军革命精神的深刻内涵和时代价值纳入教学计划和现场教学。文化管理和文物保护部门围绕盐城红色基因

"传承红色基因　赓续红色血脉""开学第一课"示范活动

的理论成果编写红色文化资源宣传教育读本。

（三）实施红色文化传承弘扬工程，讲好盐城红色故事

一是活动引领，让红色品牌"火起来"。持续打响"铁军魂盐城红"红色文化品牌，全年发布红色文化主题活动安排，在重要时间节点、纪念日，举办全市社会各界向革命烈士敬献花篮仪式、红色故事宣讲大赛等活动。加大新四军历史文化、烈士命名镇（村）等红色文化标识的设置和宣传力度。

二是故事引导，让红色经典"讲起来"。通过情景剧展演、音乐作品创作等多种形式推动一次会师、一场战斗、一件旗袍、一座丰碑、一种精神"五个一"经典红色故事创造性转化。组织实施"盐语青声"宣讲活动。用好《红色盐城百年记》《新四军在盐城丛书》等书籍，系统研究、梳理马克思主义在盐城早期传播史实、党在盐城的奋斗历程和红色文化发展脉络。建设一批革命文物"数字化管理"平台，VR、AR 体验系列产品，建立红色文化的网上展

第五届红色故事宣讲大赛

馆、手机书。

　　三是共建引路，让红色资源"动起来"。持续放大"红动沪盐"馆际合作效应，加强新四军纪念馆与井冈山、延安、西柏坡等革命老区红色文化研究部门和中国共产党历史展览馆、中国人民革命军事博物馆等国内一流场馆的合作交流。开展"铁军魂　盐城红"大思政课展示活动，线上推出"强国复兴有我"思政云课堂，助力大中小学思政课一体化建设。优化"红动馆校"创新教育模式，推动革命传统教育、爱国主义教育融入大中小学思政课一体化建设。

（四）实施红色文旅融合发展工程，实现"红色＋"深度融合

　　一是"红色＋旅游"，挖掘红色潜力。加快编制红色全域旅游总体规划和建设性规划，推动红色景区区域联动、协作发展。着力提升红色旅游经典景区基础设施条件和服务品质，打造精品展览，

融入互动体验项目，不断凸显红色资源聚集区教育功能。

二是"红色＋创意"，展示红色魅力。注重红色文创与地方历史文化的资源联动，设计研发"铁军红""东进"系列文创产品。用好线下"礼遇盐城"旗舰店、线上"燕舞商城"平台及特色文化街区、景区、文博场馆等演艺新空间和文创小店，让红色文化融入城市生活日常。

三是"红色＋文艺"，激发红色活力。充分发挥戏剧创作上的优势，推出广播剧《宋公堤》、歌曲《无名芳华》等一批经典题材文艺作品。依托纪念场馆、小剧场、文化街区、铁军大讲堂等地创新打造"实景式""沉浸式""情景剧""演绎＋党课"红色演艺形式。

（五）实施红色领航强基赋能工程，塑造盐城红色名片

一是部门联动，形成合力。建立由组织、宣传、网信、党史、党校、文旅、教育、退役军人、团委、社科、财政及报社、广电等部门参与的工作协调机制，明确分工和职责。探索县级"红色遗存保护利用中心"建设，实现红色遗址遗存运营管理、提升保护、合理利用环节一体化。

二是阵地带动，完善机制。加大对各级各类爱国主义教育基地的资金、人力扶持力度，对于改造提升予以动态支持。持续做好248处红色遗址特别是55处重要遗址的保护利用，加快实施革命旧址维修保护行动计划，深入挖掘宣传革命遗址的历史内涵。

三是人才推动，建强队伍。采取"内培外引""走出去，请进来"等办法，打造一支高素质专业化的红色文化研究人才队伍。加强革命文物保护利用专业队伍建设，鼓励与高等院校、科研院所建

设革命文物保护人才培养联动机制。加强爱国主义教育基地宣教人才队伍建设，持续优化讲解员培养和激励机制，通过举办宣讲大赛、组织业务培训等方式，让盐城红色基因"声"入人心。

推荐单位：江苏省政研会

作　　者：陈卫红

强化妇女思想政治引领的思考和实践

福建省妇联深入学习贯彻习近平新时代中国特色社会主义思想和党的二十大精神，学习贯彻习近平文化思想，贯彻落实全国宣传思想文化工作会议精神，围绕建队伍、强矩阵、树品牌、扩影响、重实效等方面，不断做深做实网上妇女群众工作，打造线上和线下互动融合、实体领域和虚拟空间同步覆盖的工作格局，让主旋律始终成为网络主流量。

一、做法和成效

（一）建强集群矩阵，"管用结合"提升网上妇联协同度

一是强化组织领导。严格落实党委（党组）网络意识形态工作责任制，分别成立省妇联网络信息、网络意识形态工作领导小组，推动全省妇联系统层层建立"一把手"工程领导机制。各地妇联高度重

视网上妇联建设工作，建立健全管理制度、深度推进媒体融合、打造地域特色品牌，严格落实网上信息发布"三审制"，确保弘扬主旋律、传播正能量。二是强化队伍力量。加强培训、实操、跟班学习，不断提升妇联系统宣传干部网络素养和媒介素养。借智借力延伸工作手臂，省、市妇联分别和中国妇女报、人民网福建频道、东南网、中新社、厦门日报、福州日报、闽北日报、南平移动公司等多家重要的党报党媒或有资质的网络公司开展战略合作。提升网评网宣员培训和队伍建设，全省网宣网评员队伍现有成员 2.5 万名，其中骨干成员 4300 名。牢牢掌握网络意识形态工作的主动权和领导权，全面掌握和动态跟踪了解福建省女性网络"大 V"情况，建立涉妇女领域网络舆情日报、月报与年报监测机制。省妇联就网络宣传舆论引导工作在全国妇联会议作典型发言。三是强化占网用网。打造省级全媒体平台，在全国率先登录微博、微信、抖音等平台，不断抢占新型阵地，已建成"三网两微七号一专区"妇联网系列平台，2022 年以来联动推文 1.83 万篇，阅读量 8986.8 万次；"闽姐姐"微信公众号获评中央网信办走好网上群众路线百个成绩突出账号，是全国妇联系统唯一获评的省级妇联账号；抖音号连续 3 年位列全国省级妇联传播指数第一。打造全省妇联系统新媒体矩阵，聚合网上妇联建设合力，目前，全省妇联所属网站 10 个、微信公众号 106 个、微博号 5 个、其他新媒体平台账号 22 个，总体体量较大，传播力较强。

（二）持续扩大影响，"高举旗帜"提升网上妇联辨识度

一是充分发挥新思想孕育地实践地优势，讲好新思想在福建的故事。福建是习近平新时代中国特色社会主义思想的重要孕育地和实践地。充分发挥全省妇联系统全媒体矩阵平台作用，精心组织

"春天的回响"等主题宣传，创新运用 AI 主播融媒体产品等表现形式，持续推出"跟闽姐姐一起学金句""妙语'联'珠微课堂"等特色专栏，打造爆款产品。在此基础上，让广大妇女身临其境学思践悟新思想，着力推动建设福建省巾帼馆、福州市巾帼党性教育基地、新时代家风传习中心等新思想学习实践阵地，生动展现习近平总书记在福建、福州工作期间关于妇女儿童事业和妇联工作的重要理念和重大实践；各地妇联充分运用"深田图强"历史文化馆和"远亲不如近邻"政治生活馆、"摆脱贫困"主题展览馆等当地特色学习教育资源，生动展现习近平总书记亲民爱民为民的深厚情怀。二是积极发挥革命老区优势，讲好红色经典故事。福建被誉为"红旗不倒"的地方，是思想建党的发源地，党史事件多、红色资源多、

跟AI主播一起学金句 | 习近平总书记关于网络强国的重要思想⑤

闽姐姐 2022-09-11 09:23 发表于福建

福建省妇联创新运用 AI 主播融媒体产品等表现形式，持续推出"跟闽姐姐一起学金句"等特色专栏，打造爆款产品

革命先辈多。通过开展省级妇女爱国主义教育基地命名工作，推动挖掘相关历史资源线上展示，同时，依托各级妇女爱国主义教育基地开展"致敬八闽巾帼力量"网上接力展示活动，通过巾帼宣讲员讲述60个百年党史优秀展品故事，吸引7.1万人次参与投票。三是传承弘扬"一诺千金"作风，讲好关心关爱故事。习近平总书记在福建工作期间，始终高度重视、关心关怀妇女儿童事业发展，带头资助贫困儿童完成学业、大力推动事关妇女儿童的为民办实事项目落地，让广大妇女备感温暖。省妇联联合中国社会科学院社会学研究所开展"习近平总书记在福建关于妇女儿童工作的重要论述"研究，成为全省妇联干部深刻学习领会新思想、做好妇女思想政治引领的重要指引。在《学习时报》刊载采访实录《"习近平同志对妇女工作一诺千金"——习近平在福建（二十三）》后，及时在新媒体矩阵开设"牢记温暖嘱托 巾帼乘风破浪"专栏，在习近平总书记来闽考察两周年之际，开设"春风习习 牢记嘱托"等专栏，

2023年4月，福建省妇联联合福建省委网信办共同承办"一路芬芳·福润八闽"2023年全媒体基层妇联行活动

展示福建省妇联干部群众怀着深厚感情，学出信念忠诚、学出使命担当的具体行动。主题教育启动后，联合省委网信办共同承办"一路芬芳·福润八闽"全媒体基层妇联行活动，话题总览量破亿次，让新思想家喻户晓、深入人心。

（三）创新方式方法，"走新走心"提升网上妇联有感度

一是打造多元广泛的网络产品。灵活运用长图、海报、音视频等表现形式，开展线上直播、网络投票、知识竞答等活动，增加互动交流。集精编、声频、原文为一体的《习近平新时代中国特色社会主义思想三十讲》，被54家微信公众号转载；制作的《福建各界妇女热议中国妇女十二大系列》获评全国妇联"百个优秀女性网络文化作品"；视频类产品《悦读·家》累计点击量突破10亿次，获"全国走好网上群众路线典型案例征集展示活动优秀创意案例"多项国家级荣誉。福州、厦门、三明、南平等地妇联形成"有

福建省妇联创新妇女思想政治引领方式，深耕"妇"字号亲子阅读电视品牌《悦读·家》，全网累计点击量突破10亿次

福之州　她有新声"、"鹭岛姐姐"、"鹭岛宝宝"、"小家的爱，大国的情"、"共享妇女微家"、百堂巾帼宣讲精品课"三百行动"等各具地域特色的网络宣讲品牌。二是唱响正面引导的网上旋律。坚持典型宣传全年不掉线，各级妇联相继推出"牢记温暖嘱托　巾帼乘风破浪""向'她'看齐""点赞泉州女性""巾帼志愿红"等专栏；省妇联开展"巾帼美·发现身边的榜样""八闽十佳巾帼好网民故事"等网上典型选树，超 50 万人参与推荐。征集"我奋斗·家国美"短视频 1968 条，线上线下辐射人群超 740 万。在党的二十大、省妇女第十三次代表大会等节点，开展"从春天向明天"——党的二十大精神主题宣讲示范活动，推出先进女性典型人物服务社会、履职尽责的专访、短视频等。组建"八闽巾帼红宣讲团"线上线下开展宣讲活动 4439 场次，覆盖妇女群众 289.92 万人次。"海峡妇女论坛"期间，共推出全网媒体宣传报道 736 篇，新媒体端报道阅读量超 158.6 万次，视频全网点击破 7000 万次。三是搭建服务妇女的网络家园。聚焦网络问需问策，开设学习贯彻习近平新时代中国特色社会主义思想主题教育"意见征集"，在解决问题中密切同妇女群众的血肉联系。聚焦服务数字经济，建设女性数字素养培训阵地，推出"闽姐姐家政"网上服务，省妇女儿童活动中心被中央网信办等 13 部委评为全国妇联系统唯一的全民数字素养与技能培训基地。聚焦家庭生活新期待，开发"无忧少年"福建省少年儿童心理健康指导服务小程序，构建全领域"福建省家庭教育指导网络课程体系"，开通"闽姐姐空中家长学校"，访问量超 700 万次；涌现了福州市妇联"网络家长学校"、莆田市妇联"莆阳好家风"、南平市妇联"百合姐姐家教课堂""小桔灯家教志愿团"等典型做法。聚焦妇女儿童维权关爱，开设"闽姐姐说法""法爱同行"等线上普法专栏，联合省检察院采取"元宇宙"技术建设"春蕾安全员"主题馆，开通线上报告未成年人受侵害线索通道；莆田市妇联创新开展婚姻家庭矛盾"云端"调解工作。

二、问题和挑战

（一）网络核心素养有待提升

网络信息分析处理不足。在面对跨时空跨场域各类网络信息时，妇联系统干部还缺乏较强的独立思考和精准判断的能力，对我省女网民的年龄、性别、职业、文化程度、诉求等分析不足，导致宣传产品分众化、精准度、针对性不足。网络传播规律把握不足。面对网络纷繁乱象，妇联系统的网上群众工作还不够主动，未能准确把握主动传播有效信息的最佳时间，在开展网上群众工作时常常被动应对。网络化语言运用不够熟练。不够了解新一代网民的表达方式和真实意图，不善于运用恰当的话语表达和沟通技巧，导致无法真正把情况摸清、把问题找准、把对策提实。比如，制作小视频宣传产品时，不懂得提炼群众感兴趣的金句、关键词，在打造爆款方面还比较欠缺。

（二）网上宣传思想文化工作经费保障和专业力量投入不足

经费投入较少且逐级递减。各级妇联用于网上妇联建设的运维保障经费自上而下逐级递减（详见图1、表1）。比如，2022年度，各级妇联用于网上阵地建设的经费支出，省妇联机关为118.20万元、省妇联直属事业单位为29.33万元，市级妇联平均为16.87万元（不含无投入的平潭综合实验区）；县级妇联平均为0.87万元；

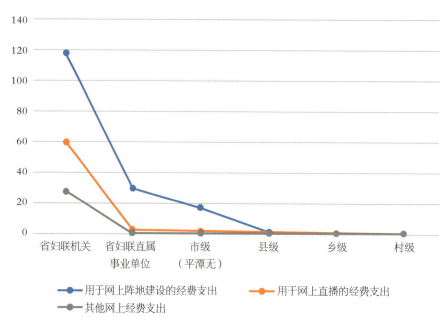

图1 以 2022 年为例，福建省各级妇联网上阵地经费投入情况比较（万元）

乡村两级妇联基本无此项经费支出。缺乏专业力量的支撑。专门用于网上妇联的工作力量、技术资源较为紧缺，且越到基层越匮乏，导致网上妇联工作在基层不能完全落实，平台建设质量良莠不齐、吸粉能力不足、关注度不高。以微信公众号为例（详见图2、图3），目前妇联系统平均每个微信公众号的粉丝数省妇联闽姐姐、市级、县级、乡级、村级分别为 27.62 万、2.76 万、3966、349、0。

表1 近年福建省各级妇联网上阵地经费投入详情表

		全省总计	省妇联机关	省妇联直属事业单位	市级（平潭无）合计	市级（平潭无）平均	县级合计	县级平均	乡级合计	村级合计
用于网上阵地建设的经费支出（万元）	2020 年	191.56	/	23.56	120.85	13.43	47.15	0.57	0	0
	2021 年	258.08	/	20.92	129.88	14.43	107.27	1.29	0	0
	2022 年	371.93	118.20	29.33	151.85	16.87	72.55	0.87	0	0
	2023 年上半年	132.34	/	7.13	78.83	8.76	41.38	0.50	5.00	0

		全省总计	省妇联机关	省妇联直属事业单位	市级（平潭无）合计	平均	县级合计	平均	乡级合计	村级合计
用于网上直播的经费支出（万元）	2020年	22.01	/	4.61	10.55	1.17	6.85	0.08	0	0
	2021年	87.79	53.98	1.80	11.81	1.31	20.20	0.24	0	0
	2022年	89.02	59.60	2.40	13.06	1.45	12.16	0.15	1.80	0
	2023年上半年	49.39	20.00	0.00	11.30	1.26	17.49	0.21	0.60	0
其他网上经费支出（万元）（如舆情经费、云端连线等）	2020年	41.53	35.20	0.03	6.00	0.67	0.30	0.00	0	0
	2021年	44.00	37.67	0.03	6.00	0.67	0.30	0.00	0	0
	2022年	33.60	27.27	0.03	6.00	0.67	0.30	0.00	0	0
	2023年上半年	5.23	0.00	0.03	5.00	0.56	0.20	0.00	0	0

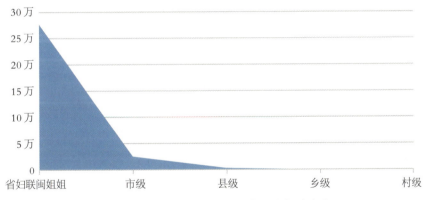

图2 平均每个微信公众号的粉丝数（人）

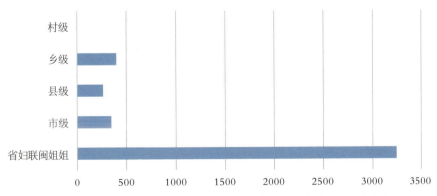

图3 2023年上半年平均每篇微信公众号推文的阅读量（次）

（三）深入妇女群众人心不够精准有力

策划联动能力不够强。各地网上妇联在内容组织上停留在对某一项工作和活动的报道或某一篇热文的简单转载，缺乏对工作的整体考虑和接续性谋划；在联动传播上整体比较闭塞，很少和其他传播主体主动联系、协同合作，存在"信息孤岛"现象。网络舆论引导能力不足。面对突发事件和网络舆论，存在不同程度的"失语迟语"现象，甚至因应对不当而造成次生舆情。比如对网络群众意见建议和呼声诉求征集得多、回应得少，线下的联动处理也不够有针对性。互动服务功能不够凸显。各级妇联系统目前多将网络新媒体作为信息传播的工具，而较少将新媒体纳入社会服务和社会治理体系中来，没有充分发挥新媒体作为党政部门与群众进行沟通交流、为群众提供服务的新阵地的作用，妇女群众获得感、体验感不强，缺乏双向交互，未能发挥新媒体互动、体验、分享、服务的最大传播优势。网上阵地建设和传播手段发展不平衡。一方面，网上阵地建设大多只停留在"两微一端"的标配上，全省妇联系统 143 个网上阵地中微信公众号 106 个，占比高达 74.1%（表 2），喜马拉雅、小红书、知乎、哔哩哔哩等具有不同受众群体的新兴媒体平台尚未涉足。另一方面，网上传播仍以简单的图文为主，利用短视频和网络直播等方式开展妇女思想政治引领方面还存在短板。

表 2　福建省各级妇联网上阵地建设情况

	全省总计	省妇联机关	省妇联直属事业单位	市级		县级		乡级合计	村级合计
				合计	平均	合计	平均		
网上阵地总数(个)	143	12	7	34	3.4	83	1	7	0
妇联所属网站(个)	10	3	0	7	0	0	0	0	0

	全省总计	省妇联机关	省妇联直属事业单位	市级		县级		乡级合计	村级合计
				合计	平均	合计	平均		
妇联所属移动客户端（APP）（个）	0	0	0	0		0		0	0
妇联所属微信公众号（个）	106	1	7	11	1.1	80	0.96	7	0
妇联所属微博号（个）	5	1	0	4		0		0	0
其他妇联所属新媒体平台账号（个）	22	7	0	12		3		0	0
被网信部门取消的网上阵地数量（个）	5	0	0	4		1		0	0

三、对策措施

（一）提高认识，坚决扛起网上妇联政治责任

习近平总书记高度重视妇女思想政治引领、网上妇联工作，《习近平关于妇女儿童和妇联工作论述摘编》共有 8 个篇章 174 段论述，其中有 38 段论述和妇女思想政治引领、网上妇联建设有关，占比 21.8%，这些重要论述为推动新时代强化妇女思想政治引领、做好网上妇联工作提供了根本遵循和行动指南。妇联是党亲自缔造的妇女群众组织，是党联系妇女群众的桥梁纽带、得力助手，建设网上妇联是党中央交给妇联组织的重要任务，要进一步提高认识，牢记对党忠诚、为党分忧的政治使命，切实承担好引领广大妇女听党话、跟党走的政治责任。

（二）加强调研，精准优化网上妇女分众引领

加大关于网上妇女思想政治引领工作的基础性、分众化精准调研，科学把握不同年龄、不同职业、不同区域、不同文化背景女性网民的思想状况、心理动态、价值取向，了解不同女性网民最关心的思想教育热点，并站在她们的角度思考问题，结合她们的生活水平、思想文化教育，有针对性地开展网上思想政治引领工作，在多元中立主导、在多样中强共识，让正面声音成为网络最强音。

（三）守正创新，切实走好网上妇女群众路线

把握时间节点，以主题教育、中国妇女十三大，以及三八妇女节、六一儿童节、国际家庭日等重大时政、重要节日为契机，强化策划和设计能力，有步骤、分阶段推动思想政治引领进网络空间。拓展宣传载体，丰富云宣讲、微讨论、微讲堂、人物专访、分享直播、网络知识竞答、线上故事展播、网络文化活动等形式。注重科技赋能，以微电影、短视频、动画、H5、元宇宙、AI 等形式，推出具有妇联特色、匹配妇女需求的宣传品牌。

（四）借智借力，有效发挥妇联组织"联"字优势

加强多部门联动合作，深化"互联网＋妇联"工作模式，探索建设"共建共享共用"的集约化网上妇联平台，立足妇女儿童需求，丰富网上服务功能，用心用情构筑让妇女群众安心、暖心、同心的网上家园。要完善联动治理机制，拓展盟友阵营圈群，坚持发扬斗争精神清朗网络空间。要积极探索与当地主流媒体建立伙伴关系，提高网上妇联资讯发布的及时性、主动性、专业性、公共性，加强

2023年7月19日，福建省妇联协助承办2023年中国网络文明大会网络文明社会共建论坛，以"网聚青春正能量 共建网络新风尚"为主题，展示巾帼好网民优秀成果，发布"争做巾帼好网民 汇聚网上正能量"行动倡议

妇联系统网络问政的能力。

（五）多措并举，不断夯实网上妇联基层基础

增强业务能力，定期开展灵活多样、务实管用的业务培训。拓展融媒体系，深入开展"争做巾帼好网民"活动，建强网评网宣员队伍，广泛吸纳社会组织、各类媒体资源，探索构建以"网上妇联＋主流媒体＋网评网宣员队伍＋巾帼好网民＋女性社会组织"为核心的网上妇联融媒体系，掌握舆情处置主动权，强化正面舆论声势。加大资金投入，积极争取党委、政府的重视支持，为基层网上妇联阵地建设提供必要的经费保障。

推荐单位：福建省政研会

作　　者：福建省妇女联合会

以中国航海文化赋能新时代
航运强国建设研究

航运企业作为航运强国建设的重要主体，应将数千年来绵延不绝的中国航海文化作为内在基因，着力打造与"强国"硬实力相匹配的文化软实力，树立"强国有我"的文化自信、文化自觉，从而形成世界一流的综合竞争力。

一、中国航海文化的本质属性是"强国文化"

中国航海文化源于中华民族 5000 多年历史所孕育的中华优秀传统文化，熔铸于中国特色社会主义伟大实践，植根于一代代航海先辈战风斗浪的奋楫扬帆，展现出"向海图强"的文化追求，在本质属性上，其实是一种"强国文化"。

（一）强交通：体现了战风斗浪的探索精神

早在 8000 年前，中国的原始居民"刳木为舟，剡木为楫"，开启沿海岛屿间的海上交通模式。从面朝黄土背朝天走向深海大洋，从陆路交通拓展到海上航路，凝聚着中华民族先辈对自然世界不懈探索的智慧和勇气，形成了最原始的以开辟海上交通为目标的探索精神和斗争精神。

（二）强商业：体现了走向世界的全球思维

汉代以来，以张骞出使西域等为标志的一系列对外活动，促进了陆、海"丝绸之路"的开通，中国的航海活动以海上通商为中心，取得了长足发展。随着海上贸易的发展，中国的对外交往空前繁荣。唐代以后，航运成为中国对外交往的主要通道，中国的航海者得以放眼全球看天下，形成了交通天下、连接世界的全球思维。

（三）强国力：体现了光我中华的爱国基因

明代郑和船队七下西洋，完成了中国和世界航海史上的伟大创

1961 年，新中国第一艘自营远洋轮船"光华"轮首航

以中国航海文化赋能新时代航运强国建设研究

举。然而此后，在封建帝国的没落及闭关锁国的衰退中，中国航海业由盛转衰。从 1840 年鸦片战争到 1949 年新中国成立前夕，近代仁人志士深知"海殇则国衰、海强则国兴"，把振兴航运作为梦想追求。从 1949 年"海辽"轮等 13 艘船舶起义，到 1961 年第一艘悬挂五星红旗的"光华"轮首航，"光我中华"的爱国基因成为新中国成立以来航海文化最朴素、最深沉的底色。

（四）强创新：体现了勇立潮头的变革素养

中国古代航海的辉煌依赖于中国古代人民由创新探索推动的航海科学技术的进步。创新变革的航海精神一直延续至今。当前，中远海运集团通过数字智能与绿色低碳两条赛道打造"科技航运"新模式，再造航运业科技转型新优势。勇立潮头的创新和变革一直是中国航海文化的鲜明特征。

中远海运大型集装箱船在航行中

（五）强合作：体现了同舟共济的协同意识

历经海上风浪的洗礼，中国航海者大都具有团结协作的合作意识，而这种意识，不仅熔铸成同舟共济的航海精神，更让中国航运业坚持与全球客户和全球伙伴和衷共济、守望相助，共同提升合作能级，携手迎接各类挑战，顺应世界发展大势，推进全球交通合作，参与全球海运治理，为推动构建人类命运共同体作出了重要贡献。

中远海运"新光华"轮装载浮船坞并顺利运抵希腊比雷埃夫斯港

（六）强意志：体现了担当坚守的奉献情怀

悬挂五星红旗的远洋船舶日夜航行在一望无垠的大海上，海员远离家庭亲人，坚守星辰大海，付出了常人无法忍受的辛劳和孤独，靠坚强意志服务于中国航运事业。面对"大起大落、大风大浪、大进大出、大喜大悲"的航运业特点，中国海员在充满风险的航海旅途中展现了矢志"为国远航"的责任担当和坚守"浮动国土"的奉献情怀，成为中国航海文化最独特的精神内涵。

二、中国航海文化是航运强国建设的最大底气

从孤舟远征到千帆竞发，从近代以来的羸弱"跟跑"到新时代全球"领航"，中国航海文化在积淀和传承中铸就了矢志"为国远航"的强国信仰、坚守星辰大海的强国担当、敢为天下之先的强国志向、勇争世界一流的强国模式、不惧战风斗浪的强国品格、胸怀全球领航的强国梦想，必然成为航运强国建设和推进中国式现代化的强大精神支撑和力量风帆。

（一）为锚定"国之大者"，巩固壮大奋进新时代的主流思想舆论熔铸"强国基因"

党的十八大以来，习近平总书记在更广阔的视野上规划航运强国建设，充分显示航运强国建设作为"国之大者"的分量。围绕航运强国建设，中国航海文化可以进一步发挥方向引领作用，坚持以习近平新时代中国特色社会主义思想熔铸高质量发展之魂。进一步发挥思想凝聚作用，引领职工将个人发展规划融入服务国家战略的大局中，融入中华民族伟大复兴的全局中。进一步发挥价值导向作用，抓好思想舆论引导，坚定增强核心功能和核心竞争力、加快建设世界一流强国的信念。

（二）为激发创新创造活力，加快实现航运业高水平科技自立自强提供"创新动力"

习近平总书记指出，要"顺应绿色、低碳、智能航运业发展新

趋势"。当前，全球政经形势发生深刻变化、全球产业链深度调整，特别是新一轮科技革命蓬勃发展。在数智科技裂变式发展的今天，聚焦"创新"布局新领域新赛道，发展新质生产力，是中国航运企业实现全球领先的必由之路。与此同步，应深耕创新文化，为科技创新注入不竭动力。中国航海文化孕育创新思维，可以在促进高水平科技自立自强上发挥引领作用。中国航海文化激励创新行动，可以进一步激发广大职工的创造内驱力和高度的创新自觉性。中国航海文化营造创新生态，可以为构建员工、组织、制度、资源等多方协同的企业创新综合体系赋能。

（三）为增强中华文明传播力影响力，提升中国国际话语权打造"航运名片"

航运企业在全球经贸往来中承载着链接经贸、传递文明的双重角色，是国际传播的重要对象，也是推动传播的重要力量。通过经济活动传播文化、倡导价值是一条更优路径。中国航运企业应主动担当国际传播重任，弘扬战风斗浪的中国航海文化特质，不断夯实企业职工团结奋斗的共同思想基础。要在全球化经营和高质量共建"一带一路"中坚持传播中华文化，加强话语体系建设，提升国际传播能力，打造中国"航运名片"，推动文明交流互鉴。

三、中国航运企业应担负起新时代航海文化建设使命

中国航运企业应遵循习近平文化思想"明体达用、体用贯通"的理论和实践逻辑，自觉承担起企业新的文化使命，立足航运企业主责主业，不断探索新时代航海文化建设新路径。

（一）丰富航海文化精神内涵，为航运强国建设筑牢魂脉

党的十八大以来，习近平总书记先后对交通运输事业发展、建设海洋强国、航运强国作出一系列重要论述，对港口航运工作多次作出重要指示批示。航运企业要加强对科学理论的系统研究、解读阐释和理念内化。一是构建学术体系。统筹理论社科资源和高端智库，实施"新思想＋总书记航运足迹"理论研究阐释专项计划，形成高质量研究成果，构建新时代中国航海文化话语体系和学术体系。二是加大理论阐释。全覆盖开展理论宣讲，突出抓好船舶党员理论学习，探索"船舱微课""海上云课""船岸联学"等形式，做好党的创新理论的针对性解读、分众化传播。三是提升精神内涵。将党的创新理论作为航海文化价值理念体系建设的根本遵循，聚焦强国信念、奋斗精神、职业素养、创新思维、品牌观念等，编制航海文化建设规划和发展体系，明确新时代航海文化建设的核心内容，把航海文化充分融入企业精神气质与文化品格中，塑造航运企业特色主流价值观和主流意识形态，厚植航海文化土壤，推动中国航海文明的现代转型。

（二）加大航海文化遗产保护，为航运强国建设树立自信

中华民族数千年航海史和新中国成立以来近百年风雨航程，孕育了波澜壮阔的航海文化，这是中国航运企业实现全球领航的"精神密码"。航运企业要把推动中华航海文化创造性转化、创新性发展作为首要任务，加强对航海历史文化资源的挖掘和保护，深入推进航海文化赓续鼎新，构建航海文化传承体系。一是实施航海文化研究专项计划。系统阐释航海文化历史流变，厘清文化传承本来、扬

弃外来、开放包容、与时俱进的核心特征，挖掘航海文化的时代内涵。二是构筑中国航海文化"精神谱系"。通过开展"航海遗迹寻访""口述航海史"等活动，对航海家精神进行创造性、时代化开发，推进历史题材文艺作品选题、孵化、立项、创作，以当代视角观照历史文化，努力挖掘和充分展现航海历史文化基因中的时代命题和当代价值，实现航海历史文化的青春化、时尚化、创新化表达。三是大力弘扬优秀航海传统。重塑航海文化仪式，通过挂满旗、鸣笛、升帆、船舶命名、下水等经典仪式，增强行业辨识度和影响力。

（三）强化航海文化社会普及，为航运强国建设凝聚共识

中国有着悠久的航海历史、先进的航海技术和灿烂的航海文化，在世界航海发展进程中作出了重要贡献。航运企业应发挥航海文化社会化普及的主体作用，进一步凝聚"向海而兴"的社会共识。一是加大航海文化宣传。主动进行宣传议题设置，精心策划各类主题宣传、形势宣传、成就宣传、典型宣传，组织宣传人员面向航运港口找选题，深入船员群体挖新闻，对航运业科创、低碳、数字化等重大发展成果进行鲜活报道。结合航海日、海员日等重要节点，加大行业信息宣传、航海知识普及，全景展现航运强国建设取得的历史性成就、发生的历史性变革。二是打造航海文化样本。实施航海精神固本培元行动，深化拓展新时代航海文明实践中心建设，形成航海特色的文明实践样本，推出最佳实践线路、实践范例、实践场景。三是健全航海文化设施建设。政府部门、中央媒体、航运企业三方协同，共同创作影视作品和出版物，共同举办展览展会，大兴涉海类博物馆、展示厅、会客厅、户外形象装置、网红打卡点建设，以丰富多元的文化产品和文化服务促进航海文化社会化传播。

（四）关注航海文化重点群体，为航运强国建设汇聚人才

中国海员是航运价值的直接创造者，也是中国航海文化的践行者和传播者，推动航海文化的兴盛，必须聚焦海员这一主体。一是进一步加强船舶党建。坚持系统思维，突出价值导向，坚持发扬"支部建在船上"优良传统，加强船舶党建，指导远洋船舶党支部创新理论学习形式，进一步统一海员思想共识，凝聚"航运强国有我"的精神力量。二是持续关注海员群体重大典型培育。积极推选海员代表作为全国和地方人大代表。将船员作为强国建设主力军，开展年度"金牌船舶三长""海上十杰"等评选，积极参与国家和社会奖项的评选，构建社会公众对海员形象的鲜活认知，提高海员地位和职业自豪感。三是持续开展为海员办实事工程。聚焦海员职业保障、职业生涯设计和社会地位提升，推动内涵式服务。促进人工智能与航运要素的深度融合，再造航运业态，不断改善海员工作

中远海运集团每年评选表彰"金牌船舶三长"（金牌船长、金牌政委、金牌轮机长）

2019年6月28日，"第五届中国海员技能大比武"在浙江舟山举行

条件。加强海嫂联络站建设，打造"红蓝工程"。

（五）推出航海文化新质内容，为航运强国建设讲好故事

面对中国航海文化的资源宝库，航运企业应坚持"内容为王"，主动向航海文化"新质内容"发力，以新一代信息技术为载体，以科技与内容融合创新为路径，以高质量高效能为内涵，打造数实融合、沉浸交互、量级迭代的航海文化精品。一是主动拥抱新技术。抢抓人工智能变革的重大机遇，顺应生成式人工智能（AIGC）的爆发式增长，培育航海文化内容新质生产力。把短视频制作作为核心竞争力，建立文化创新创意平台，集中精干力量，打造视频精品。二是深度开发新产品。充分对接社会公众文化诉求，聚焦航运强国重大题材，以文学、影视、舞台、美术、群文、网络文艺等门类为重点，统筹推进文艺原创和航海IP孵化，加大新质内容高质量供

给。企业与作协、美协、影协等团体深度合作，探索"航运美学"提升工程，为航海文化注入专业力量和美学元素。广泛开展形式多样的文化交流活动，让航海文化不断"活起来""潮起来"，实现出圈出彩。三是建立健全新机制。健全重大航海文化项目推选机制和激励机制，完善一系列文化配套和支持。

（六）加大航海文化国际传播，为航运强国建设阐明主张

中国航运企业国际业务占比大，参与海外投资经营活动多，与外国政府、企业、社会组织、媒体乃至普通民众都存在广泛联系，做好国际传播工作具有有利条件和相对优势，应自觉将国际传播纳入重点工作，在国际业务活动中彰显中国航海文化的魅力。一是做大"朋友圈"。借助北外滩国际航运论坛等平台，提升中国航海文化影响力。区分国别和区域，对业务所在国的政治、经济和媒体环境进行研究，善于同业务所在国的政府、媒体、智库、非政府组织等交流合作，做大国际舆论"朋友圈"，提升企业在全球市场的信誉度和美誉度。二是讲好中国故事。顺应信息化、数字化潮流，充分利用海外社交媒体平台，展开互动、寻求共识，转变叙事体系，增强与当地民众的"黏合度"。适应分众化、差异化传播趋势，用世界流行的语言讲好中国航海故事。三是树立责任形象。强化共赢互利，除了依法合规经营、提供优质服务外，以社会责任向国际社会展示中国作为世界和平的建设者、全球发展的贡献者、国际秩序的维护者的负责任大国形象。

推荐单位：中国交通政研会

作　　者：朱雪峰　唐文嫣　卢淑娴

以企业民间外交助力国家形象塑造

中交集团作为全球领先的特大型基础设施综合服务商、第一批走出国门的中国企业，将公司国际传播工作置于国家整体形象塑造大局中通盘考虑、谋划推进、系统提升，以国际传播实践推动企业民间外交，成为中国故事的讲述者、中华文化的传播者和国家形象的助力者。

一、中央企业开展民间外交的现实困境与阻碍

随着全球化潮流和共建"一带一路"的推进，中央企业凭借在海外驻在国的独特优势，以国际传播实践开展民间外交，取得累累硕果。但不可否认，中央企业"走出去"还处于初级阶段，外部环境的变化与企业自身国际传播能力建设的不足，为民间外交的推进带来了不小的阻碍。

从外部环境来看，当前国际舆论生态复杂，西方国家陷于对

"修昔底德陷阱"的认知误区，对中国的和平崛起充满忌惮，企图凭借欧美主导的现行国际话语权格局创造信息后殖民时代。因此，属性鲜明、业务多元的中央企业已被霸权国家视作威胁的核心力量，甚至成为被政治打压和舆论误解的对象。

从理念机制来看，企业以海外经营和扩大业务为主，以国际传播实践开展民间外交的意识相对欠缺，缺乏对企业海外品牌传播的长远规划和完善的工作机制，人力、物力、智力投入也存在不足。

从传播成效来看，许多中央企业的传播"自说自话"现象明显，内容同质化严重。在议题设置上，缺乏对驻在国实际风俗文化情况的了解，传播议题无法有效完成属地化转译，"水土不服"现象严重。

二、以企业民间外交助力国家形象塑造的思路

（一）嵌入国家议题，以"主体化"思维构建全球传播新秩序

在当今国际舆论格局中，欧美国家凭借先发优势牢牢把控着国际话语权，中央企业乃至整个中国的话语传播，极易在西方的舆论操控之下被忽略、扭曲和解构。因此，中央企业应避免陷入徒劳无功的自证陷阱，主动调整舆论战场重心，充分利用好"一带一路"共建国家的属地资源优势、人才优势、人脉优势、业绩优势，以"主体化"思维助力国家构筑以"一带一路"共建国家为核心的传播新秩序和公共交往新空间。以中交集团为例，企业为"一带一路"共建国家带去的大型基建、设备、技术、标准、人才培育体系，为驻在国的经济发展、民生改善提供了巨大动能。在此过程中涌现出

的代表人物、代表故事，成为"幸福都是奋斗出来的"最有说服力的讲述者。当企业将议题设置嵌入国家话语体系，官方与民间协同发力，传播效能事半功倍。

（二）融合属地文化，以"共识化"思维塑造传播内容与传播方式

中国与"一带一路"共建国家命运相连、利益与共，但在国际传播实践中，也要正视隔阂与差异的存在。中央企业要主动挖掘提炼双方利益与价值的"最大公约数"，从叙事文本上凝聚"人类命运共同体"的社会共识。

从叙事文本来看，在多元价值观、多元文化背景交织的跨文化传播中，中央企业要重视洞悉海外受众的需求，从讲好"小而美"的故事入手，引发传播主体间的情感共鸣。

从内容载体来看，中央企业应积极拥抱技术革新，灵活运用短视频、微电影、直播、游戏、VR 等技术与载体，制造"裂变式"传播。以中交集团为例，2023 年在传播策划中创新性地将"大国工程""大国重器"与全球直播相结合，全球直播活动取得约 8 亿次播放量。

从传播渠道来看，中央企业应加强传统媒体与新兴媒体协同发展。当前国际传播所涉及的各项元素和内容愈加复杂，迫切需要全要素、全环节的协同来解决问题。中央和各地方层面也应积极协调，帮助中央企业搭建海外社交媒体矩阵，提高媒介传播水平。

（三）促进资源整合，以"分众化"思维全维度覆盖受众圈层

在充分构建话语体系与叙事体系之后，中央企业应充分利用深

耕海外的属地优势，积极经营、整合"人脉圈"资源，以"分众化"思维规划国际传播与民间外交的实施路径，为各受众圈层设计有针对性的触及方式，避免"脸谱化"的无效输出。

中交集团在国际传播过程中，坚持"一国一策""一地一策"原则，编制境外重点国别媒体调研及精准传播国别手册，制订了针对不同对象的传播方案，极大地提升了宣传效果。

三、中交集团推进民间外交的实践案例

近年来，中交集团深入贯彻落实习近平文化思想，将民间外交作为开展国际传播工作的重要内容，策划开展"繁华丝路·交筑美好"系列活动和典型案例。

（一）强化政企联动，推动民间外交与公共外交、官方外交相结合

中交集团积极借力官方资源，与各国官方组织、政要及使节开展友好交流，努力实现"政府搭台，企业唱戏"的良好效果。深入开展政企高端对接，2023 年以来，中交集团主要领导先后与巴西、马来西亚、斯里兰卡、肯尼亚等国家的总统、总理等政要交流，并达成许多重要合作，为后续开展业务和文化交流奠定了坚实的上层基础。积极参与公共外交活动，中交集团积极承接上级部委相关外交活动。2023 年 3 月，中交集团承办百国驻华使节"步入中交"活动，邀请 110 个国家和国际组织的 111 位驻华使节走访中交集团，实地了解了中交集团推动高质量共建"一带一路"取得的发展成就。主动搭建对外展示平台，2023 年 12 月，中交集团在北京举办共建

中交集团承办百国驻华使节"步入中交"活动，邀请110个国家和国际组织的111位驻华使节走访中交集团

"一带一路"10周年发布会，邀请巴基斯坦、南苏丹等10个国家的15位外国使节出席。巴基斯坦、南苏丹、乌干达等多国使节接受媒体采访点赞中交集团共建"一带一路"成果。

（二）借力主场外交，全球化展示中国企业、中华文化新气象

中交集团深度参与国家举办的"一带一路"高峰论坛、东盟博览会等大型主场外交活动，向世界讲述"小而美"的中国企业履责故事。在第三届"一带一路"国际合作高峰论坛上，中交集团全方位参与论坛各个环节，中交集团承建的肯尼亚蒙内铁路等7个标志性项目在互联互通高级别论坛暖场片上展示；中交集团建设克罗地亚佩列沙茨大桥的故事入选民心相通论坛主题片《心路》；中交集团马来西亚东海岸铁路外籍员工为原型的故事《筑梦丝路：一带繁

花一路歌》在民心相通论坛以舞台剧展现；9 个共建"一带一路"案例入选国务院新闻办公室发布的《共建"一带一路"：构建人类命运共同体的重大实践》白皮书。

（三）深化民间合作，打造互信互助、共创共赢的"朋友圈"

中交集团高度重视与"一带一路"共建国家的民间友好往来，积极联合民间第三方机构开展广泛交流合作，打造互信互助、共创共赢的中外合作"朋友圈"。强化海外媒体合作，近年来，中交集团邀请来自非洲、南美、东南亚等国家和地区的 370 余名记者走进中交总部和境内外项目参观采访。在广东深中通道，邀请澜湄六国 44 名主流媒体的台长、总编辑等云端漫步，挑战世界最高海中猫道；在成都锦江，邀请来自拉美地区的 13 国记者在世界最大绿道

中交集团在成都锦江举办"走读中国"主题活动，邀请来自拉美地区的 13 国记者在世界最大绿道系统骑行

系统骑行，并签下"城市婚书"；在柬埔寨首条高速公路金港高速，邀请多家当地媒体参加"七彩金港"开放日活动，项目宣传视频被柬国时任首相洪森转发。强化高校智库合作，中交集团积极同哥伦比亚大学、波士顿咨询等海内外知名高校智库进行国别传播策略研究交流合作，在肯尼亚、斯里兰卡等国别发布了多份《"一带一路"社会责任报告》，编制了《企业本土化策略白皮书》等重要成果。此外，中交集团还积极搭建中外"Z世代"青年交流平台，联合柬埔寨金边皇家大学、老挝国立大学等澜湄国家高校，举办"2023澜湄合作国际设计大赛"，以艺术形式传播中国桥品牌。

（四）促进民心相通，绘就融通中外、美美与共的"同心圆"

中交集团在全球开展"中交助梦"责任行动，加强与驻在国文明交流互鉴、美美与共，共同绘就与各国民众相知相亲的美好"同心圆"。担当公益事业践行者，在"长跑之乡"埃塞俄比亚，中交集团连续19年出资赞助大型长跑接力赛活动，超4万人参与比赛，成为当地最有影响力的体育盛事之一。在斯里兰卡，中交"蓝马甲"志愿队连续4年开展"美丽沙滩计划"，打造了海滩上的亮丽"蓝色风景线"。担当民族团结守护者，在斯里兰卡，中交集团举办"团结接力环岛行"活动，在科伦坡港口城内建造一座"全岛团结纪念碑"，斯里兰卡总统西里塞纳出席活动庆祝仪式。担当生态文明护航员，在"动物王国"肯尼亚，中交集团承建并运营的蒙内铁路在路线过程中设置野生动物通道、涵洞和桥梁，以保证野生动物能自由穿行。项目保护野生动物的环保专题片在联合国生物多样性大会亮相。担当中华文化传播者，中交集团在多个国家设立"中国书架""丝路书香"阅读室，以书为媒，鼓励属地员工学习中华文化。

在"长跑之乡"埃塞俄比亚，中交集团连续 19 年出资赞助大型长跑接力赛活动，当地超 4 万人参与比赛

《明月几时有》等中国古诗被哥伦比亚外籍员工用中文朗诵，《梁祝》《茉莉花》等中国音乐在埃塞俄比亚友谊广场响起，"中国式浪漫"受到当地民众喜爱。

四、几点思考

开展民间外交，推动国际传播能力提升是一项理论性、实践性极强的工作，中央企业需要紧跟不断变化的国际形势，在实践中不断地更新理念、丰富内涵、拓展路径、完善对策。

一是强化协同协作，广泛凝聚外交合力。要充分利用自身渠道多元、层次丰富、形式灵活、交往广泛的独特优势，全方位加强与各国各级政府、智库、媒体、学校、公众、社会组织等的交流交往，最大限度争取当地对中国和中国企业的理解认同和政策支持，不断壮大知华友华"朋友圈"。

二是坚持讲好故事，鲜活展示中国形象。要坚持国家站位、全球视野，深入挖掘生动鲜活故事，阐释中国特色，用受众乐于接受的方式、易于理解的语言、富于感染力的表述，让中国更好地走向世界，让世界更好地认识中国。

三是注重交流互鉴，共同促进民心相通。要充分发挥其在中国与"一带一路"共建国家之间的纽带作用，主动融入当地文化，积极承担社会责任，展现可信可爱可敬的国家形象，为构建人类命运共同体贡献力量。

推荐单位：中央企业党建政研会

作　　者：田菊芳　查长苗　任明朝

打造特色文化品牌　推动思想政治工作与业务工作深度融合

作为国有大型商业银行，中国建设银行自成立以来，始终在党中央、国务院坚强领导下，全力服务实体经济和社会民生。在此过程中，逐渐形成了稳健经营、敢为人先等企业文化，树立了"诚实、公正、稳健、创造"的核心价值观。总行金融同业部结合部门职责和业务实际，打造"同业同心·专业专心"支部党建品牌和部门文化品牌，始终把部门文化建设同思想政治工作、经营管理工作深入有机融合，既通过思想政治工作丰富文化建设的内涵和外延，又以文化建设为导向提高思想政治工作的吸引力和覆盖面，进一步加强党的全面领导，推动党建与业务主动、全面、深入融合，持续激发党员干部员工干事创业积极性。

一、"同业同心·专业专心"文化品牌内涵

金融同业部"同业同心·专业专心"支部党建品牌和部门文

化品牌是践行中国特色金融文化，遵循建设银行核心价值观、践行新金融理念，结合部门职责定位和业务实际创建的部门特色文化品牌，是部门员工高度认同、共同遵守、自觉践行的价值取向、职业道德、行为准则。同业、同心、专业、专心分别代表"同一事业（同业业务），共同目标""齐心协力，同舟共济""业务专家，精益求精""求真务实，专心专注"。"同业同心·专业专心"特色文化品牌目前包含"同心·同学""同心·同思""同心·同行""同心·同做""同心·同创""同心·同融"等子品牌，并在实践中不断丰富品牌的内涵和外延。此外，为推动实现部门文化目标，践行中国特色金融文化"五要五不"，进一步明确了员工行为准则，鼓励员工做到有激情、够专业、善协同、敢创新、知敬畏，不推诿、不拖延、不臆断、不作秀、不敷衍，让部门文化内化于心、外化于行、实化于利、固化于制，切实发挥思想政治工作春风化雨、润物无声的优势和部门文化的导向、凝聚、激励和约束作用。

二、推动思想政治工作和同业业务深度融合的实践探索

金融同业部将文化建设与思想政治、经营管理、队伍建设等工作紧密结合，深入开展主题教育，强化部门文化的执行落地。2023年，金融同业部党支部荣获中央和国家机关、总行机关"四强"党支部称号，部门多名党员干部员工获得各类集体及个人奖励，切实发挥了支部战斗堡垒作用和党员先锋模范作用，在新金融实践中逐步形成了党建与业务深度融合的创新发展模式。

（一）"同心·同学"——强化政治机关意识，创建学习型组织，将文化与价值观贯穿于人才培训培养的各方面

深刻领会和把握习近平新时代中国特色社会主义思想的科学体系以及世界观、方法论，自觉做党的创新理论的坚定信仰者和忠实实践者。一是坚持和完善"第一议题＋重要议题＋自选议题"的常态化理论学习机制，努力在学懂弄通做实上下功夫。二是充分激发党小组活力，营造"比学赶超"学习氛围，努力打通理论学习"最后一公里"。三是党建带群团，抓好青年员工和党外员工的思想政治工作，例如开展"同心·悦读"读书分享会活动；持续实施"传帮带·促成才"青年员工培养计划；在党外员工中开展"凝心铸魂强根基、团结奋进新征程"主题教育等。

（二）"同心·同思"——探索"党建＋文化"工作新模式，加强思想交流，提升思维能力和研究能力，碰撞集体智慧火花，推动学思用贯通

自觉运用好"六个必须坚持"这六把"金钥匙"，打开做好新时代金融工作的"智慧宝库"，不断探索"党建＋文化"工作新模式。一是坚持守正创新，不断提升思维能力。紧扣客户营销维护、产品创新升级、风险防范化解、数字化经营等重点难点任务，集思广益、提出对策、推动落实。例如围绕"坚持以人民为中心，如何更好地服务客户""如何深入开展调查研究""坚持问题导向、坚持守正创新"等主题多次组织开展头脑风暴会，员工提出问题痛点 25 条，建议 19 条，相互启发形成综合解决方案 11 条。二是坚持专业专注，不断提升研究能力。在同业业务面临转型发展的关键时期，

通过文献研读、理论研究，将思想政治理论、优秀经验方法及行业研究成果转化为推进工作、战胜困难的实际成效。2023年部门员工踊跃报名30多项课题，涵盖了市场、客户、产品、服务、机制、科技等各方面，立足调查研究，聚焦发展中的痛点、难点、堵点问题。

（三）"同心·同行"——不断强化"人民至上"价值取向和新金融思维模式，与客户、基层、员工同行，践行为群众办实事

一是与客户同行，落实以客户为中心的经营理念。金融同业部聚焦客户需求，多算综合账、少打小算盘，通过统筹管理、协同作战、综合服务，全方位、差异化满足各类金融同业客户的需求。二是与基层同行，倾听基层声音，为基层减负赋能，全面摸排基层痛点和客户诉求，2023年累计收集问题125条，并将问题逐条进行责任分解，当年累计解决84条，其余问题也在持续跟进解决中。三是与员工同行，通过党群工团协同配合，想方设法为员工办实事、解难题，注重人文关怀，加强谈心谈话，解决员工烦心事。

（四）"同心·同做"——立足"服务客户、拓展收益、稳定规模"的核心任务，将部门文化落实到经营管理的各方面，推动任务目标实现

一是要"有激情"，充分激发员工活力，提振员工"精气神"，为广大员工特别是青年员工创造更加广阔的展示平台和更加多元的发展机会。二是要"够专业"，要求员工做"行业的专家、客户的管家、解决方案的行家"，做"市场研究的熟手，利率判断的高手，捕捉时机的能手"。三是要"善协同"，鼓励要求员工多站在其他处

室、其他部门、其他单位的角度想问题，以共赢共享为宗旨做好协同。四是要"敢创新"，坚持守正创新，打造金融同业生态圈，以新金融理念推动同业合作平台拓维升级。五是要"知敬畏"，依法合规，不胡作非为，厚植"稳健、审慎、全面、主动"的风险理念和"全员主动合规、合规创造价值"的合规理念，压实"第一道防线"责任。

（五）"同心·同创"——鼓励干事创业激情，强化创新文化建设，积极融入新金融行动与数字化转型

加强重点领域产品创新管理，强化数字化经营和精细化管理，积极探索同业业务"第二发展曲线"。一是加强产品和服务创新，先后推出"惠农银保通""票行天下——票据一体化服务新生态"产品创意，获得全行创新奖项。二是加强数字化转型创新，积极推动同业合作平台拓维升级，推进数字化经营，2022 年同业合作平台荣获中国人民银行金融科技发展奖三等奖，2023 年创建"善建同行"品牌，市场影响力不断提升。三是加强机制创新、培育创新文化，探索建立良好的业务创新机制，培养部门创新文化，推进部门"揭榜挂帅"机制，鼓励全员创新、成果落地。

（六）"同心·同融"——压实主体责任，系统谋划、全面融合，建立健全考核评价机制，强化人才队伍建设

一是压实主体责任，落实党支部书记"第一责任人"和支部委员"一岗双责"、党小组长直接责任，由部门负责人担任党小组长，坚持党建工作和业务工作一起谋划、一起部署、一起落实、一起检查。二是以"书记项目"加强重点工作组织保障，将支部党建、业务发展中的重点难点问题和重大任务、重大课题列为"书记项目"，推动重点工作取得突破。三是推动部门文化融入员工行为，完善内部管理制度，强化作风建设和纪律建设，切实贯彻各项制度要求、文化理念、行为标准、工作方案。四是定期评价，激励约束，制订员工行为准则部门文化评估表，每季度组织评估，不断推动部门文化和员工行为准则可衡量、可执行和可操作。

三、几点思考

（一）党建引领、同频共振，作用发挥要"好"

党支部是党的全部工作和战斗力的基础，是党建业务融合的"锚点"。要充分发挥党建在部门文化建设中的引领作用，实现支部党建工作与部门文化建设工作的互相促进，以文化凝聚人心，振奋精神，勇担使命。要坚持党建和业务同谋划、同部署、同落实、同检查，健全责任体系，构建运行机制，推动党建业务融合常态化、制度化、长效化，发挥支部战斗堡垒和党员先锋模范作用，推动业务高质量发展。

（二）以人为本、打造品牌，方法载体要"新"

要积极践行中国特色金融文化，不断丰富特色品牌的内涵和外延。充分利用党团工会多个平台，不断丰富"党建＋"模式；树立"大思政"工作理念，推动思想政治工作守正创新；坚持试点探路、典型引路、经验开路，鼓励员工立足本职岗位、发挥团队力量，通过头脑风暴、课题研究、专题研讨、建言献策等形式，创建学习型组织，大兴调查研究之风，不断提高员工政治能力和专业素质，持续提升员工践行部门文化的自觉性。

（三）激励约束、系统推进，制度机制要"牢"

要紧密结合中心工作和经营管理重点难点问题，强化价值观自律"软约束"和制度规范"硬约束"，将部门文化建设嵌入部门内部管理、人才队伍建设、考核激励机制中，让部门文化内化于心、固化于制、外化于行，推动文化建设与经营管理同频共振，发挥文化建设的价值创造作用。要做好部门文化执行落实情况的评估评价工作，发挥考核的"指挥棒"作用、选拔任用的导向作用。

（四）持之以恒、不断完善，能力作风要"硬"

文化建设是一项全局性、系统性、持续性的工作，需要与时俱进、持之以恒，重在落实、功在日常。要树立"久久为功"的理念，建立文化回顾机制，定期检视和优化以实现闭环管理，并分步骤逐层推动部门文化落实。要围绕中心工作，内化文化建设和作风建设要求，使员工在思想上逐渐完成从"要我遵守"到"我要遵守"的升华，在行动上实现从"要我做"到"我要做"的跨越，提高自我要求、自我发展和自我完善、自我革命的自觉性。

推荐单位：中国金融政研会

作　　者：中国建设银行总行金融同业部课题组

推进混改企业文化融合的探索与思考

混合所有制改革是国企改革的重要突破口，混改企业必须深入学习贯彻习近平新时代中国特色社会主义思想，把文化融合工作摆在突出位置，积极服务国家重大战略，更好发挥在建设现代化产业体系、构建新发展格局中的重要作用。

一、混改企业文化融合的重要意义

（一）文化融合是深入推进企业混改的题中之义

混合所有制企业已经成为承载国有资本运营的重要形式。《中央企业高质量发展报告（2023）》指出，截至 2022 年年底，中央企业各级子企业中混合所有制企业户数占比超过 70%。"混合"不是简单的"物理反应"，而是深刻的"化学反应"，不同性质资本"混"以后的"改革""融合"，关系到混合所有制改革成败。文化融合是混改企业融合的重要部分，有效的文化融合能有力提升混改企业融合成效。

（二）文化融合是混改企业践行国家战略的内在要求

国资主导的混改企业包含多种资本形式，尤其需要通过文化融合促进企业积极践行国家战略，不断提高企业核心竞争力、增强核心功能，更好发挥科技创新、产业控制、安全支撑作用，以实际行动彰显使命担当。

（三）文化融合是实现混改企业高质量发展的现实需要

混改企业文化融合一方面可以依托贴近员工的优势，加强对员工的人文关怀和精神状态的关切，搭建与员工直接沟通的渠道和平台，起到"思想上解惑、精神上解忧、文化上解渴、心理上解压"的现实作用；另一方面通过宣贯融合后新的企业文化，能有效促进全体员工思想的统一，实现"1＋1＞2"的改革效果。

二、数字广东公司文化融合的实践探索

数字广东网络建设有限公司（以下简称数字广东公司）成立于 2017 年 10 月，以聚焦数字政府建设运营的国内领先平台型科技公司为战略定位，为数字政府改革建设提供全方位支持。数字广东公司成立之初，单一民营资本股权占比 49%，非公资本居于相对控股地位。2021 年年底，数字广东公司进行了增资扩股，央企中国电子信息产业集团有限公司（以下简称控股公司）成为控股股东。

数字广东公司高度重视股权变动后的文化融合，坚持把文化融

合贯穿于混改和经营全过程，探索出混改企业"一比二定三步走"文化融合工作体系，为企业高质量发展提供了有力支撑。

（一）"一比"：比较文化差异

一是通过文化因素比较进行定性分析。相互契合才能有机融合。2022年年初，数字广东公司刚刚完成股权变动，负责企业文化建设的部门就着手推进企业文化融合工作，通过文化因素分析对比法，分析混改时数字广东公司和控股公司在物质、行为、制度、精神4个层次文化的异同，形成企业文化比较一览表。

二是通过调查问卷进行定量分析。为了准确定位文化融合问题，数字广东公司负责企业文化的部门在股权变动初期开展了一轮专题调研，通过问卷调查、座谈等方式开展定量研究，发现员工对混改后企业发展的信心、对控股公司的认同度、对后续工作开展的积极性等方面皆有待进一步提升。

（二）"二定"：确定文化融合前提条件

一是确定企业文化融合模式。数字广东公司将企业文化融合分成移植、交叉和延续3种模式，在混改政策要求、党建、合规和风控等领域采用移植式；在经营管理领域采用交叉式，兼收并蓄控股公司的系统管理理念和数字广东公司原本灵活高效的市场反应机制；在全员契约化管理等行业性市场经营行为中采用延续式，保持文化上的相对独立。

二是确定文化融合阶段。企业文化的融合有其独特的周期性和时效性，不同的阶段需要对症采取的措施也不一样。数字广东公司将自身企业文化融合推进工作分成接触期、提升期、稳定期、巩固期 4 个阶段，在接触期聚焦全面比较文化现状和差异；在提升期对标控股公司开展组织架构调整，加强沟通引导；在稳定期出台明确的员工行为管理规范；在巩固期固化制度，并融合出新的文化。

（三）"三步走"：落地文化融合措施

经过判断文化差异、明确文化融合模式和阶段后，数字广东公司制订了文化融合方案，通过"三步走"开展文化融合实践。

一是筑牢思想基础。深入开展思想政治教育。数字广东公司党委完善理论学习中心组学习和"第一议题"制度，把学习贯彻习近平新时代中国特色社会主义思想作为首要政治任务，发挥"头雁效应"，使党员领导干部成为文化融合的实践者和推动者，让党的创新理论学习走深走实。在混改关键节点，持续开展形势任务教育，组织召开沟通会、干部大会，深入解读混改的重大意义，引导员工提高认识，提振员工士气，明确战略目标，凝聚改革发展共识。创新开展融媒体宣传。坚持正确政治方向、舆论导向、价值取向，把融媒体宣传作为文化融合的重要突破口，推出企业文化系列短视频，加大文化理念的渗透，使企业文化理念不断浸润头脑、植根于心，受到了员工的一致好评，相关作品获得国务院国资委、广东省、控股公司累计 16 个奖项。VI 视觉形象系统融合。企业文化不仅要"听得见"，更要"看得见"，数字广东公司将企业文化融入公司环境之中，采用新的复合 Logo 形象，充分利用办公区、食堂等场地，推进包括文化墙、宣传栏、显示屏等内容更新，将混改后数字广东公司的机制理念融入办公实景，让干部员工更好感知控股公司的文化。

二是重塑行为文化。加强行为识别系统（BI）建设。结合控股公司对员工的规范管理要求，广泛征求员工意见，制订出台《关于规范干部职工网络行为的意见》《合规手册》等行为规范文件，并更新《员工手册》，对日常管理行为进行了统一规范，辅以明确的考核制度和奖惩措施，逐步引导员工形成符合企业文化理念的统一行为。开展系列文化活动。一方面与企业经营管理活动相结合，开展公司成立周年座谈会、产品上线周年庆等文化活动，以文化人、以文育人，2023年文化活动覆盖超1万人次。另一方面开展节日慰问、重点攻坚团队关爱等关怀活动，家庭开放日、中秋游园会等节庆活动，深度营造"人人爱数广，数广爱人人"的良好文化氛围。搭建沟通平台渠道。领导班子带头下基层，倾听基层员工诉求，回应关切问题，并开展"改革发展我建议"活动，共收到1000余条建议，整理归纳形成120余条落实举措，用心用情用力解决"急难

开展丰富多彩的职工活动

愁盼"，提升员工幸福感、获得感。"将指导员配到连队"，2023 年开展一线沟通近 1200 人次，慰问关怀员工近百人次，切实加强人文关怀和心理疏导。

三是促进文化升级。增强企业思想理念系统（MI）建设。在坚持控股公司重塑价值体系的目标和"责任、创新、务实、团结"文化的基础上，数字广东公司通过不断找准自身定位和坐标，进一步总结凝练出"以工匠精神助力数字中国建设"的企业使命，"成为数字政府建设的引领者"的企业愿景等企业文化理念，并将新的企业文化融入员工的"选用育留"之中，引导员工进一步强化使命担当的思想自觉和行动自觉，激励员工立足本职工作勇于担当作为，努力拼搏奉献。充分发挥先进典型示范作用。更加注重发现、培育、选树符合控股公司和数字广东公司价值导向的先进典型，先后组织开展"数广好青年""两优一先""数字政府建设特别贡献奖"等评

数字广东公司年度工作会议表彰

选表彰活动，为数字政府改革建设事业不断凝聚力量。此外，开设"致敬奋斗者"专栏，讲好先进典型感人故事，营造崇尚先进、学习先进、争当先进的浓厚氛围。促进企业文化融入制度。以文化建设助推制度建设，以制度建设保障文化建设，通过将文化理念融入荣誉表彰制度、考核评价制度、干部选拔制度等相关制度中，以科学化、标准化、规范化的制度全面规范职工行为，将价值体系重塑与管理体系重建相衔接。

混改以来，在控股公司党组的坚强领导下，数字广东公司党委带领广大干部职工以党的创新理论为指导，坚持高质量发展的目标方向，实现了过渡期平稳运行，并有效激发活力，助推企业高质量发展。混改后数字广东公司主要经营指标连创新高，并入选国务院国资委"科改示范企业"。同时，在地方党政机关指导下，数字广东公司支撑广东在省级政府一体化政务服务能力评估中连续5年居全国前列，为全国数字政府建设贡献了广东经验。

三、混改企业文化融合的启发与思考

（一）始终坚持以党的创新理论为指导

股权多元带来的思想多元的问题，尤其需要用习近平新时代中国特色社会主义思想武装头脑、教育职工、推动工作。国资控股后的混改企业在文化融合工作中，要尤其注意通过党委（党组）理论学习中心组学习、"第一议题"等形式开展好思想政治教育，教育引导员工正确认识和处理混改过程中遇到的各种困难和问题，推动党的创新理论深入人心、落地生根、开花结果，为企业高质量发展提供坚强思想保证和强大精神力量。

（二）始终坚持高质量发展的目标方向

只有把坚持高质量发展作为新时代的硬道理，切实解决好发展质量问题，才能实现最大化地发挥市场机制作用以提升国企活力和效能的混改目标。混改企业要坚持把推动企业高质量发展作为文化融合工作的出发点和落脚点，探索文化融合与生产经营相互渗透、与制度流程有效对接、与队伍建设紧密结合的有效路径，将文化融合内嵌进企业经营，才能将文化融合成果转化为员工的实际行动，将文化融合优势转化为企业发展优势。

（三）始终坚持以人为本的基本立场

人是生产力中最活跃的因素，解放和发展社会生产力，必须充分调动人的积极性。在文化融合过程中，混改企业要把群众路线深深植根于思想中、落实到行动上，坚持做到以人为本，着力解决员工最关心最直接最现实的利益问题，把解决思想问题和解决实际问题结合起来，让改革发展成果真正惠及广大员工群众，以充分调动员工的积极性、主动性、创造性，汇聚改革共识、凝聚发展力量，画下改革发展最大"同心圆"。

（四）始终坚持守正创新的重要方法

守正才能不迷失方向，创新才能引领发展。混改企业要守正确价值导向之正，坚持党的全面领导不动摇，坚持中国特色现代企业制度不动摇，引导干部职工牢固树立正确的价值观，弘扬劳模精神、工匠精神的"正"。同时，创新宣传形式和载体，丰富文化仪式活动，加强人文关怀的心理疏导等形式的"新"，更好地发挥企业文化对内凝聚人心、对外展示形象的作用，为实现国资控股混改企业高质量发展营造更好的氛围。

推荐单位：中国电子信息行业政研会

作　　者：中国电子数字广东网络建设有限公司

党员画像智慧评价体系提质企业思想政治工作的构建与实践

通过党员画像智慧评价体系构建高标准智慧党建平台，有利于实现党建工作全覆盖、党建工作规范化、党员教育常态化、党建资源集约化，有利于通过党建工作做实、做强、做细思想政治工作，进而全面提高思想政治工作质量。

一、党员画像智慧评价体系的逻辑与内涵

国网内蒙古东部电力有限公司结合实际，构建了党员先进性画像智慧评价体系，全面强化党员身份意识，发挥党员先锋模范作用，建强基层组织战斗堡垒，推动公司高质量发展。

党员画像智慧评价体系的总体逻辑是：以习近平新时代中国特色社会主义思想为指导，全面贯彻党的二十大精神，深入学习贯彻习近平总书记关于党的建设的重要思想，以加强党的政治建设为统领，以推动党建与业务融合为核心，以党员先进性画像为抓手，以

国家电网蒙东电力蒙古马共产党员服务队队员深入田间地头帮助农户检查机电排灌设备运行情况，并帮助农户下田插秧

数字化党建为支撑，对标"四讲四有"党员标准（讲政治，有信念；讲规矩，有纪律；讲道德，有品行；讲奉献，有作为），构建党员画像智慧评价体系，引导公司各级党组织、广大党员群众在推进公司高质量发展中提质提速提效，切实把基层党组织建设成为坚强战斗堡垒，更好地激励党员发挥先锋模范作用，有力保持党员队伍的先进性和纯洁性。

党员画像智慧评价体系的基本内涵是：按照"四讲四有"党员合格标准，从信念、纪律、品行、作为四个方面对党员进行"画像"，通过建立可分类、可描述、可量化的评价标准，以云计算、大数据、互联网为支撑，树立大数据思维，打破专业壁垒，贯通数据系统链路，对数据进行二次加工并以积分形式进行折算，通过量化党员日常工作情况、亮化党员在急难险重等任务方面的突出贡献、晾晒党员在违章违纪等方面的负面表现，打造"量化·亮化·晾晒"智慧评价体系，从而达到透视党员，实现党员可视化和精准画像，推动党员主动践行"四讲四有"标准，争做合格党员，争当先锋模范。

具体来说，党员画像智慧评价体系包括以下几个方面。

（一）党员画像评价指标体系构建

体系设置信念指数、纪律指数、品行指数、作为指数和登高指数5项一级评价指标，指标当期评价满分设定为120分。其中信念指数、纪律指数、品行指数、作为指数4项指标满分合计100分，信念指数、纪律指数、品行指数为减分项；作为指数、登高指数均为加分指标，加分上限设定为20分。

信念指数。设置党（团）内组织生活、理论学习、党费收缴等指标，引导党员对党忠诚、坚定信念，始终在思想上政治上行动上同党中央保持高度一致，在事关方向、原则等重大问题上立场坚定，在大是大非面前和关键时刻旗帜鲜明，在落实党组织工作部署要求上果断坚决。

纪律指数。设置党纪处分、组织处理、工作处理等指标，明确负面扣分标准，对违反党章、党规、党纪、国家法律等行为"一票否决"、积分清零，引导党员知敬畏、存戒惧、守底线，将纪律规矩立于心头，内化于行为，从而把严守纪律规矩落到实处，形成遵规守纪的高度自觉。

品行指数。设置政治品德、社会公德、个人品德、家庭美德等指标，引导党员明大德、守公德、严私德，传承党的优良作风，弘扬中华优秀传统美德，践行社会主义核心价值观，坚守共产党人的精神高地。

作为指数。设置任务完成量、任务完成质量等指标，引导党员立足岗位讲奉献、勇于担当比作为，干得多、干得好加分多，真正做到立足岗位发挥骨干带头作用、履行党员义务发挥先锋模范作用、创先争优发挥示范带动作用等。

登高指数。围绕安全生产、优质服务、新型电力系统建设、创新创效、重大活动保供电等重要领域，设置荣誉类、奖励类、创建类和民主评议党员等次级指标，引导党员积极开展岗位建功，在推进公司高质量发展中紧跟快跑、跳起摸高、自我加压、争先进位，干出优异成绩。

国家电网蒙东电力蒙古马共产党员服务队为牧民讲解安全用电常识

（二）党员画像可视化智慧平台建设

打通关键业务指标融合数据链。依托中台和各大业务系统，通过系统融合贯通，制订评价相关标准和算法模型，对数据进行二次加工并以积分形式进行折算，基于指标、报表中心，汇聚系统所固化的工作信息，以及经自动统计、多维分析得出的二次数据，形成专业指标，通过前端平台进行实时展示，从而达到透视党员，实现党员可视化和精准画像。

图 1　党员画像可视化路径

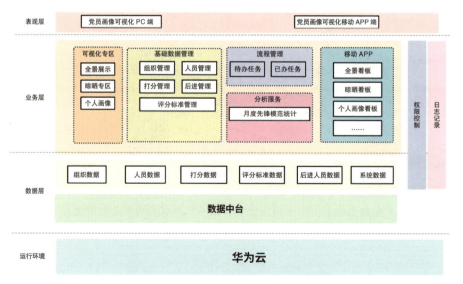

图 2　党员画像可视化平台应用架构

实现大数据全景展示和实时晾晒。基于关键指标数据，利用系统可视化功能，实现 Web 端、移动端全景式、数字化、图表化党员特征呈现。以"雷达图""曲线图""明细表""排行榜""分析报告"等形式，按照月度、季度和年度 3 个周期，分别展示画像整体情况、先进模范情况、先进模范中党员（群众、团员）占比以及整体趋势变化情况。同时分先锋模范、注意观察、后进（不合格）3 个维度晾晒党员排名情况，亮出成绩，展出进步，露出短板差距，营造比学赶超、创先争优氛围。

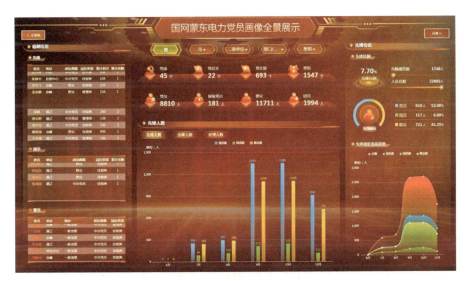

图 3 党员画像全景展示

（三）全面强化画像评价结果应用

党员画像亮出了实绩、晒出了短板，实现后进赶先进、中间争先进、先进树标杆，充分发挥激励约束作用。

正向激励先锋。将党员画像结果作为民主评议党员、提拔重用、后备干部推荐、党员发展、评先评优等工作重要依据，对画像评价得分排名靠前的人员优先推荐优秀共产党员、担当好干部、岗位能手、先进个人等荣誉评选，发挥"指挥棒"作用，形成良性机制。

提示帮助后进。对排名靠后、连续 3 个月得分或年度得分下降的党员进行有针对性的谈心谈话，从思想上引导、心理上辅导、精神上鼓励，激励发挥优势、补足短板。对连续 3 个月得分排名后 20% 或连续两度得分排名后 20% 的党员予以通报批评，建立帮扶机制，帮助改进提升。

警示督促自律。通过画像，晾晒党员情况，露出短板差距，增加透明度，引导党员明晰优势短板，对照标准不断规范自身行为。通过得分排名和晾晒负面表现，对思想僵化、作风漂浮、纪律涣散、成绩平平的党员产生自警、自省、自励效果。

二、党员画像智慧评价体系提高思想政治工作的实践成效

国网内蒙古东部电力有限公司全面构建和推广党员画像智慧评价体系以来，先后在国网蒙东电力所辖 747 个党组织进行了全面推广，对 8949 名党员进行了全景画像，党建引领企业思想政治工作的能力全面提升，全面促进了党员先锋模范作用的发挥，切实增强了党支部战斗堡垒作用，推动企业各项工作实现了新突破。

（一）以制度固堡垒，夯实了引领高质量发展的根基

党员是党组织的"细胞"，每个"细胞"都质量优、素质强，党组织的肌体就更强壮，更能发挥战斗堡垒作用。因此，每名党员都要深刻理解发挥先锋模范作用与增强党的凝聚力的密切关系，充

分认识党员发挥先锋模范作用的现实需要和时代意义，把党员画像评价中的高标准、严要求转化为作用发挥的高度自觉，在联系服务群众的实践中锤炼党性，提升党在群众中的形象，提升党的创造力、凝聚力、战斗力，切实增强基层党支部战斗堡垒作用。

比如，在国网通辽供电公司新城区供电党支部，通过实施党员画像，各项工作实现新突破，2023 年该支部整体综合低压线损率累计完成 2.18%（同比降低 0.34 个百分点），排名公司第一；累计稽查成效 903.17 万元，完成目标值高达 1557.19%；人均维护公用配电变压器数量指标、"10 千伏高损配电线路平均月度占比"和"10 千伏分线平均月同期线损合格率"指标完成情况均排名公司第一。

（二）以评价促先锋，彰显了党员先锋模范的示范作用

基层党员先锋模范作用如何发挥、发挥得好不好、怎么来评价，不但关系到基层工作质量和活力，也关系到我们党员合不合格、优不优秀。因此，通过对党员画像评价制度化，不仅使得基层党员的奋斗目标更加明确，还能够激发基层党员发挥先锋模范作用的内生动力，实现由"被动要求"到"主动自律"，从而充分调动基层党员主观能动性，进而实现先进性。

比如在蒙东供电服务监管中心计量检定党支部，通过建立党员画像月报制度，按月梳理党员工作业绩，定期进行统计晾晒，为党员画像提供客观评比依据，充分推动党员先锋模范作用发挥，争当职工群众的"风向标"，把共产党员的先锋模范作用体现到干好本职岗位、做好当前工作上，团结带领团员群众，支撑"四线一库"顺利接入营销 2.0 及智慧计量工控平台，推动营销 2.0 系统计量业

务成功上线，在推动公司高质量发展中作出计量贡献；支部 4 人获得公司"技术能手"称号，1 人获评公司"供电服务之星"，1 人获评公司"青年托举人才"，5 人在自治区职业技能竞赛中获得前 6 名，2 个班组获评自治区质量信得过班组，创先争优成绩喜人。

（三）以文化促质量，凝聚了推进高质量发展的共识

"党建＋企业文化"是强化党建引领、推动企业文化落地的重要形式，可以有效激发企业发展内生动力，全力推动党建文化成为企业经营管理工作中凝聚共识、促进发展的重要源泉。智慧评价体系有利于强化思想政治引领，全面凝聚员工思想共识，有利于建设学习型、创新型党组织，通过抓好政治建设、文化建设、队伍建设、群团建设等思想政治工作，夯实公司转型升级、改革发展的重要根基，对推动企业持续健康发展，完成"十四五"战略规划目标具有重要意义。

随着移动互联网时代新技术的蓬勃发展和新理念的不断涌现，必然影响着国企党建引领企业思想政治工作的变革和创新，"智慧党建"作为党建工作的升级模式，也必然要求把信息技术的工具价值和理性价值进行全面整合。企业需要在党建工作中加强数字赋能，全面借力大数据、互联网、AI 人工智能技术将传统党建引领企业思想政治工作的模式逐步升级为数字化、移动化、智能化的"智慧党建 2.0"模式，以数字赋能全面提升基层党建引领企业思想政治工作质量，服务企业高质量发展。

推荐单位：中国电力政研会

作　　者：毛光辉

国有企业跨文化管理探索和实践研究

近年来，国有企业作为中国企业"走出去"的主导力量，在逆全球化趋势加剧、地缘政治事件频发和世纪疫情冲击等多重因素叠加的大背景下，海外经营面临的政治、社会和文化环境也发生日新月异的变化。作为徐工国际化的"桥头堡"，徐工巴西建厂运营10年来，面对巴西不同的政治、社会和文化环境，逐步探索出一条与国际化战略相匹配的海外企业文化建设之路，因时因地制宜做好跨文化管理，形成了一套成熟的跨文化管理模式，成为保障和推进徐工国际化经营的强大武器。

一、中巴文化差异及跨文化管理的风险挑战

（一）中巴文化差异主要表现

从宏观上看，以儒家思想为主体的、以"和"为主要特征的中

华文化与由欧洲后裔、土著印第安人和非洲移民共同交融所形成的巴西"大熔炉"的多元文化相比，中国和巴西企业的文化有着较大的差异。

根据霍夫斯泰德的文化维度理论，中巴两国文化在权力距离、不确定性规避、个人主义 / 集体主义、阳刚气质 / 阴柔气质和长期取向 / 短期取向 5 个维度各有自己的特质：

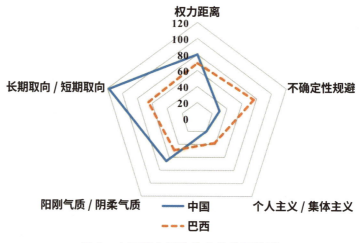

图 1　中巴霍夫斯泰德文化差异模型

在权力距离方面，即权力在社会和组织中的不平等分配程度以及人们对这一事实的接纳和认可程度。中国的权力距离较高，而巴西的权力距离相对较低，说明中国权力和资源相对集中，但多元化的巴西更加强调平等和机会。

在个人主义与集体主义方面，即社会更加注重个人的利益还是关注集体利益。中国更加倾向于集体主义，这也符合中国社会的主导价值观。而巴西的个人主义相对较强，注重个人能力的发挥和企业家的作用。

在不确定性规避方面，指捕捉特定文化中的个人因不确定性所导致的焦虑程度。不同文化对于不确定性有不同的应对方式，不确定性规避程度高的文化看重社会交往的规范，对法律法规和专业知识等具有更多依赖。巴西得分较高，而中国得分低得多。这表明，相对来讲，中国人适应新环境的能力可能更强，在非正式和模棱两可的规则中更加游刃有余。

在长期取向与短期取向方面，中国明显地倾向于长期取向，即更看重未来。而相对来说，巴西倾向于短期取向，即更看重的是此时此地。巴西人更容易接受变革，不会把承诺视为变革的阻碍，从巴西人更加注重享受当下的生活中就可以体现出这一特点。

（二）跨文化管理面临的风险和挑战

徐工巴西地处南美面积最大的国家巴西，其贫富两极分化严重，区域之间经济发展不均衡，文化形态复杂。特别是疫情暴发以来巴西经济下行压力加大，社会治安形势仍不乐观，加上文化、语言的差异性给企业的跨文化管理提出了严峻挑战。

一是政经环境差异巨大。政经环境差异对企业在东道国的发展影响深远，甚至直接影响企业的战略发展布局。不同国家政体存在差异，法律体系、商业准则、运营规则也不同。如巴西环保法规全球最多，对环保要求极高，需要企业全面掌握不同国家的法律体系，严格遵守相关的法律和商业准则，适应不同的环境；否则极易导致不能履行合同，发生争议、诉讼或其他法律纠纷，给企业带来经济损失。

二是社会环境复杂多变。各国社会环境不同，跨国企业在海外进行经营活动必然受到所在国社会环境的影响和制约。如巴西，工会势力较强且具有很大的影响力，工会与雇主议价时具有法律上的独立地位，企业需要与工会保持着和谐关系；否则，工会会采取各种对企业不利的措施，宣扬各种不利于企业的信息，扰乱企业正常生产。

三是人文环境风格迥异。南美大部分国家普遍缺乏契约精神，同时社会保障体系比较健全，人们生存压力较小，员工少有与企业"共进退"的想法；且公司员工只要不违法，解雇员工的成本会比较高昂。被称为"世界种族熔炉"的巴西是一个多民族移民国家，不同肤色、宗教、人种汇集，多种文化交叉激荡，多种族多元化文化和谐的背后，也存在一些杂音和冲突。

二、徐工巴西跨文化管理策略和路径

（一）跨文化管理"四个坚持"策略

一是坚持当地化运营，建立文化信任力。徐工巴西通过多年探索与实践，总结出以文化融合为先导的人才当地化战略，全面落地中方派驻人员减员计划和人才当地化工程，将文化融合上升为人才当地化的第一要务。通过引进高端人才加盟、引领关键人才管理、引导全员高效工作的"三引"项目，打造温暖的公司环境和吸引优秀人才的"软磁场"，增进中巴员工跨文化融合，提升员工企业归属感，强化巴方员工的支撑力，快速打造一支有徐工精神的巴方员工队伍，助力公司当地化稳健运营与长远发展。

二是坚持中巴文化相融，提升文化凝聚力。徐工巴西始终把共同利益、共同目标、共同发展作为"求大同"的出发点和落脚点，寻求价值契合"最大公约数"，消除文化冲突，实现文化融合。经营过程中主动把徐工的企业文化融入当地文化中，把徐工的核心价值观及企业精神与巴西个人主义追求自我价值实现有机融合，把打造融合文化、责任文化作为加强海外企业文化建设的主旋律。

三是坚持上下协同，增强文化影响力。徐工巴西是徐工集团首个海外全资生产基地，也是南美地区中国工程机械行业最大的海外基地，集研发、生产、销售、服务、备件、金融于一体，有效拉动了米纳斯吉拉斯（Minas Gerais）州当地人才资源、供应商资源、高校资源、服务资源等产业链的协同提升，致力于打造全产业链文化融合。在公司所在城市包索（Pouso Alegre）市的街道路牌上写着"包索感谢徐工"，传递着这座城市对中国企业的尊敬和感恩。

四是坚持履行社会责任，扩大文化传播力。徐工巴西深度践行"徐工，让世界更美好"的公益理念，在"抗疫救灾、教育助学、扶贫济困、绿色环保、文化交流"五大公益领域开展多项公益活动，树立起良好国际形象。在江苏省—米纳斯吉拉斯州结好25周年之际，徐工巴西协助包索市政府打造巴西第一个中国书屋，为当地民众打开一扇感知中国、感知江苏、感知徐工的友谊之窗，进一步促进双方民心相通，受到州、市领导的高度赞誉，成为中巴民间外交的重要实践者，持续扩大中国企业的文化传播力。

（二）跨文化管理路径——FUSION融合行为六步法

在"四个坚持"的理念基础上，面对任何跨文化沟通交流问题，徐工巴西始终按照FUSION融合行为六步法（思考和解决跨文化管理问题的6个步骤，首字母为FUSION，亦有融合之意），实施积极的跨文化管理。

一是立足当地实际，坚持实事求是（Fact）。徐工巴西积极完善人才培育机制，打造人才成长平台，为提升海外业务的核心竞争力奠定基础。公司大力加强对中、巴方员工的跨文化培训，目前培训工作已制度化、常态化、双向化。选派海外中方员工须通过为期8—10个月共性、通用类别的批量化轮训。培训内容除专业知识外，还包括沟通技巧、企业文化、巴西文化等内容。

巴西员工也需要了解中国的文化习惯和行为模式。从文化认知强化、技能水平提升、素质素养提高等维度，徐工巴西开展巴西当地人才培养培训，建立梯队式网络帮带结构，开展有针对性的培训培养，使巴西当地员工更好地了解和认同徐工文化理念，促进多元文化融合，提升公司软实力。

二是搭建沟通平台，增进理解互信（Understanding）。徐工巴西积极建立健全企业文化相关业务部门，成立以总经理为第一责任人、首席文化官专责，以人力资源部、市场部和海外部为主体的企业文化办公室，确保文化管理体系有效运行。以构建徐工巴西国际化发展文化软实力为目标，遵循"规则、尊重、开放、包容、融合"的国际跨文化准则，开展思维、语言、行为三层次的互融互通行动，重点加强员工工作纪律和行为规范管理，将文化融入制度。

公司通过不定期组织巴方员工召开倾听员工心声座谈会、"总经理咖啡屋""首席文化官互动讲堂"等模式，讲好中国故事与徐工故事；通过员工文化手册海外版宣传渗透、巴西员工文化认知问卷调查等多元化信息沟通渠道，进一步促进中巴员工相互理解、相互包容，增强员工归属感、价值感，让员工成为公司企业文化传播者和践行者。

三是建立规范标准，明确行为准则（Standard）。徐工巴西将规范和标准以制度、文件等方式固化下来形成程序性工作，从中寻找规律、梳理流程、固化标准，使工作更加规范，形成了中巴协同

"双轮驱动"人员管理标准。通过主要流程制度的编制与实施，对跨文化管理业务进行规范和约束。

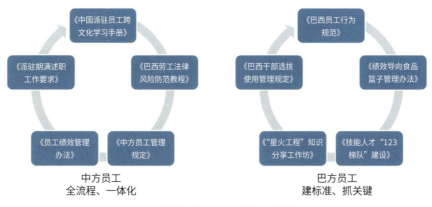

图2　中巴协同"双轮驱动"人员管理标准

为保证公司有序运营，也为徐工国际化可复制的管控模式提供宝贵的资料，徐工巴西一边推进重要、关键工作项目化运作进程，一边开创"星火工程"知识分享工作坊、巴西协调员以上人员管理、技能人才"123梯队"建设等优秀的项目实践，让规范和标准在更多的中巴员工心中落地生根。

四是积极有效互动，及时给予反馈（Interaction）。在多元文化背景下，徐工巴西主动加强中巴员工合作管理，实现一体化融合发展。工作方面，设置周例会、定期组织中层干部工作总结、述职汇报，与每一位汇报人员进行"关键对话"；生活方面，组织开展中巴足球友谊赛、"融合＆奋进"主题摄影比赛等文体活动，增强中巴员工沟通与交流，增进彼此了解、增强彼此信任。每年评选5—8对Top Partner，作为中巴员工融合的典范，并对互动效果良好的中巴合作伙伴给予表彰和奖励。

五是深化责任传递，树立榜样力量（Obligation）。徐工巴西从派驻人员开始，以身作则，以上率下，建立层层看齐的标杆模式，增强巴方员工的主人翁意识。以生产领域为例，通过中方员工言传身教、现场演示激发出巴方员工不服输的竞争意识，使得巴方员工工作主动性和积极性大为提高，主动要求提高日产量目标，极大提高公司生产效率。公司在此过程中，也密切关注脱颖而出的优秀巴方员工，对于在技术、生产、销售、管理等领域涌现出来的优秀巴方员工，在国内国外不遗余力地塑造典型，通过榜样的力量塑造长期的行为习惯和文化底蕴。

六是打造学习组织，强化培育传承（Nurture）。在一个自我演化的优秀组织中，不断根据外部环境的变化而适应新的环境是可持续发展的保障。为此，公司不断赋予组织新的内容和形式，倡导中巴员工共同参与，打造学习型组织。徐工巴西将企业文化融入生产、研发、营销等各个经营环节，并借助"SPARK 内训师"项目选拔出一批专业过硬、文化同质的内训师，通过部门内部培训方式，传播专业知识、传递企业文化。徐工巴西通过建立学习型企业文化，鼓励员工通过业余时间继续提升专业水平，与周边的大学建立良好的合作关系，在岗位工作中全面提高员工的知识能力和专业素质，将个人能力凝聚成企业发展动力，最后形成企业核心竞争力，从而实现企业和员工的协调发展。

三、研究成效与结论

（一）促进了企业文化和经营的同步发展

面对巴西复杂多变的政治经济局势，徐工巴西主动融入当地文化，积极应对挑战。坚持以文化统一思想、引领发展，政府招投标持续保持行业第一，公开市场经销渠道建设稳步提升，首台90吨挖机实现交付，正式进军矿业市场。徐工银行正式运营，策划实施制造当地化、人才当地化和融资当地化，夯实当地化经营基础，收入规模不断创历史新高，各项指标同比翻番增长。

（二）打造一支文化同质的国际化人才队伍

人才当地化为徐工巴西经营发展提供了组织保障和人才支撑。徐工巴西在跨文化管理的探索和实践中，坚定中华优秀传统文化自信，系统融入徐工文化理念，形成了海外员工主流意识形态。通过上下同欲、左右同心、内外同盟、前后同频的"四同"文化建设，企业的各个部门与成员都清楚地了解企业的目标，明确各自的任务与职责，上下同欲、团结一心，以求大同思维、共进退理念和"FUSION"路径，打造一支"思想、目标、步调"一致的国际化人才队伍。

（三）形成了积极向上特色鲜明的企业文化

徐工巴西在跨文化管理的探索和实践中，注重结合徐工文化，通过讲好中国故事，讲好徐工故事，用先进典型引领员工的奋斗方向，激发员工的工作激情，为推动企业经营稳步提升提供了强大的精神动力支撑。通过树标杆和打造学习型企业文化，使企业的各个部门与成员都清楚地了解企业的目标，明确各自的任务与职责，从而使资源在企业内部合理分配，增强企业核心竞争力。

（四）打造了中国高端装备制造国际化新名片

徐工巴西为当地提供宝贵的就业机会，并带动该地区中下游产业链的整体配套协同发展，连续几年被巴西当地杂志 *NEWS DIAS* 评为"优秀企业"。徐工巴西已成为中巴经济合作的标志性项目，同时徐工巴西坚定当地化战略，勇担大任，积极投身社会公益，赢得当地尊重。为奖励徐工巴西在推进中巴务实友好合作，增进两国友谊方面作出的卓越贡献，2022 年徐工巴西获得巴西国会颁发的"中巴友谊最高荣誉勋章"，为行业唯一获得此荣誉的企业。

推荐单位：中国机械政研会

作　　者：刘照波　顾　冲　张　平

中华优秀传统文化融入大学生思想政治教育的实证研究

中华优秀传统文化涵养大学生社会主义核心价值观，要深入挖掘和阐发中华优秀传统文化中蕴含的时代精神，更好地使中华优秀传统文化为思想政治教育提供丰富的"养料"，推动中华优秀传统文化与大学生思想政治教育相结合，进一步提高和加强大学生的思想道德和精神修养。同时依托中华优秀传统文化的创造性转化和创新性发展，赋能新时代大学生思想政治教育的内容、形式和方式方法创新，提升大学生思想政治教育的实效性。

一、中华优秀传统文化融入大学生思想政治教育的时代价值

（一）有利于大学生树立正确的世界观、人生观和价值观

树立正确的世界观、人生观、价值观是大学生思想政治教育的

关键。在大学生树立正确"三观"的过程中，中华优秀传统文化自始至终都发挥着无可替代的作用。中华优秀传统文化中包含着丰富的精神养料，包括科学艺术、思想观念、道德规范等各个方面，不仅注重个人品德的修养，还注重人与人的关系的营造，集体主义和社会和谐。中华优秀传统文化融入大学生思想政治教育，有助于塑造大学生理想人格，对培养学生正确的世界观、人生观、价值观具有重要现实意义。

（二）有助于大学生培养积极进取的人生态度

树立正确的世界观、人生观、价值观需要有积极进取的人生态度和拼搏奋斗的进取精神。"路漫漫其修远兮，吾将上下而求索。"人生价值的实现是一个漫长而又艰难的过程，在中华优秀传统文化中，"夸父逐日""精卫填海""愚公移山"等例子给予了我们许多有益的人生启迪。中华民族之所以能够在 5000 多年的历史进程中历经挫折而屡屡奋起，遭受挫折而不气馁，始终屹立于世界民族之林，依靠的就是这样一种自强不息的精神，这也是激励当代大学生发奋进取、不懈奋斗的精神支柱。

（三）有利于大学生弘扬和践行社会主义核心价值观

社会主义核心价值观分为国家、社会、个人 3 个层面，其中个人层面即爱国、敬业、诚信、友善，是大学生思想政治教育中必须遵循的重要内容。将中华优秀传统文化融入大学生思想政治教育，有利于弘扬社会主义核心价值观，有利于把握社会主义先进文化的前进方向。

二、中华优秀传统文化融入大学生思想政治教育的现状

2022年，调研组对中国海洋大学、中国石油大学（华东）、青岛科技大学等10所青岛市高校学生进行了问卷调查。调查采取整体随机抽样法，发放问卷1250份，回收1191份，回收率为95.28%。

调查问卷包括人口学特征、传统文化的了解与参与状况、传统文化内涵与价值认识情况、传统文化与大学生关联度情况、传统文化融入大学生思政教育的校内开展情况、传统文化融入大学生思政教育的现实挑战情况、传统文化融入思政教育的建设路径思考等内容。经过检验，传统文化内涵与价值认识情况等五部分变量的信度系数分别为0.82、0.87、0.88、0.88、0.98，均达0.80以上。本文运用问卷星与统计软件SPSS对有效数据进行分析，使用的统计方法有：信度分析（r）、频数（N）、百分比（%）、平均值（M）、标准差（SD）、t-test分析、ANOVA分析及相关分析。

（一）问卷调查总体情况及基本分析

调查结果显示，调查对象中，女性占55.3%（659名），男性占44.7%（532名）。汉族学生有1170名，占98.2%。来自农村的学生高达738名，城乡接合部有135名，城市318名。共青团员人数最多，占89.34%。理学工学或医学类的学生占比为69.4%，哲学文学与社科类的占10.4%，其他的为20.2%。本科低年级、中年级和高年级的依次为993名、129名和69名。主观家庭经济水平为中等的调查对象有一半以上。

表 1　调查对象的基本情况

（N=1191）

变量		N（%）	变量		N（%）
性别	男	532（44.7）	政治面貌	中共党员	27（2.27）
	女	659（55.3）		中共预备党员	20（1.68）
民族	汉族	1170（98.2）		共青团员	1064（89.34）
	少数民族	21（1.8）		其他	80（6.72）
地区	农村	738（62.0）	年级	本科低年级	993（83.4）
	城乡接合部	135（11.3）		本科中年级	129（10.8）
	城市	318（26.7）		本科高年级	69（5.79）
专业	哲学文学与社科类	124（10.4）	主观家庭经济水平	上	375（31.5）
	理学工学或医学类	827（69.4）		中	785（65.9）
	其他	240（20.2）		下	31（2.6）

根据大学生参加传统文化活动调查结果可知，大学生的参与频率方面，一般和偶尔参与的人数居多。通过课外书籍（68.43%）和互联网（62.64%）参与传统文化的最多，其次是综艺节目（47.69%）、相关课程（40.72%）。学校传统文化形式中，排在前 3 名的是选修课或必修课、传统节日庆典和武术，民族音乐、孔子学堂、国学知识比赛占比相当，最少的是戏剧。在传统著作中，《论语》的知名度最高；大学生对京剧的了解程度均值为 2.31，远低于中间值 3.00；对书法的了解程度均值为 3.16，略高于中间值。此外，修过传统文化相关课程的有 51.47%，和没修过的占比相当。

表 2　大学生参加传统文化活动的基本情况

（N=1191）

变量		N（%）	变量		N（%）
参与频率	从来不	17（1.43）	传统著作	《道德经》	368（30.90）
	几乎不	68（5.71）		《论语》	927（77.83）
	一般	458（38.46）		《孟子》	395（33.17）
	偶尔	466（39.13）		《庄子》	255（21.41）
	经常	182（15.28）		《中庸》	226（18.98）
参与途径	课外书籍	815（68.43）		《大学》	278（23.34）
	相关课程	485（40.72）		没读过	151（12.68）
	互联网	746（62.64）	基本传统文化了解程度	了解	121（10.16）
	社团交流	344（28.88）	京剧	一般	584（49.03）
	课外活动	416（34.93）		不了解	486（40.81）
	综艺节目	568（47.69）		M（SD）	2.31（0.65）
	其他	270（22.67）		很了解	50（4.20）
学校传统文化形式	武术	478（40.13）		可以区分	204（17.13）
	民族音乐	377（31.65）	书法	一般	482（40.47）
	孔子学堂	424（35.60）		不太能区分	410（34.42）
	国学知识比赛	470（39.46）		完全不能	45（3.78）
	选修课或必修课	865（72.63）		M（SD）	3.16（0.90）
	戏剧	225（18.89）	是否修过相关课程	修过	613（51.47）
	传统节日庆典	610（51.22）		没修过	578（48.53）
	其他	290（24.35）			

根据大学生对传统文化认知情况可知，传统文化内涵价值认知、传统文化与大学生关联度、传统文化融入思政教育的活动、传统文化融入思政教育的现实挑战、传统文化融入思政教育的建设路径思考、传统文化重要程度的均值均高于中间值 3.00。大学生对传统文

化的内涵认知、与生活的关联度、相关活动均处于中等以上水平，同时大学生也认为传统文化面临较为严峻的现实挑战，但是均认为传统文化在学习生活中处于重要地位，也很认同传统文化融入思政教育的建设路径。

表3 大学生对传统文化认知的基本情况

（N=1191）

变量	M（SD）
传统文化内涵价值认知	3.89（0.64）
传统文化与大学生关联度	3.84（0.72）
传统文化融入思政教育的活动	3.68（0.74）
传统文化融入思政教育的现实挑战	3.40（0.73）
传统文化融入思政教育的建设路径思考	4.02（1.30）
传统义化重要程度	4.30（0.80）
外来文化重要程度	2 89（0.73）

统计结果显示，传统文化融入思想政治教育意识在性别（T=−5.31，p<0.001）、民族（T=2.26，p<0.01）、居住地区（F=7.61，p<0.01）、年级（F=38.45，p<0.001）、政治面貌（F=8.30，p<0.001）、专业（F=17.45，p<0.001）及主观家庭经济水平（F=5.18，p<0.01）方面有显著差异。

表4 传统文化融入思想政治教育意识的社会人口学差异

（N=1191）

变量		N	M（SD）	F（T）	Duncan
性别	男	532	3.55（0.72）	−5.31***	
	女	659	3.78（0.75）		

变量		N	M（SD）	F（T）	Duncan
民族	汉族	1170	3.68（0.74）	2.26**	
	少数民族	21	3.20（0.98）		
居住地区	农村	738	3.74（0.74）	7.61**	A
	城乡接合部	135	3.50（0.76）		B
	城市	318	3.61（0.74）		B
年级	低年级	993	3.76（0.73）	38.45***	A
	中年级	129	3.28（0.69）		B
	高年级	69	3.25（0.72）		B
政治面貌	中共党员	47	3.32（0.72）	8.30***	B
	共青团员	1064	3.68（0.73）		A
	其他	80	3.87（0.86）		A
专业	哲学文学与社科类	124	3.34（0.61）	17.45***	B
	理学工学或医学类	827	3.75（0.74）		A
	其他	240	3.62（0.78）		A
主观家庭经济水平	上	375	3.64（0.74）	5.18**	A
	中	785	3.71（0.74）		A
	下	31	3.80（0.84）		B

注：**p＜0.01，***p＜0.001

在居住地区上，农村大学生传统文化融入思想政治教育意识水平比城乡接合部和城市的大学生高，农村的传统文化习俗、节日等较为丰富，对传统文化的了解程度也比较高；年级上，低年级学生的传统文化融入思想政治教育意识水平更高，低年级学生的课余时间比较充裕，课外活动也较为丰富，因此其意识水平比较高；专业方面，理学工学或医学类的传统文化融入思想政治教育意识水平比哲学文学与社科类的学生更高；主观家庭经济水平中等以上学生的传统文化融入思想政治教育意识水平更高。

（二）存在的问题

一是中华优秀传统文化融入大学生思想政治教育的力度不够。中华优秀传统文化在大学内的宣传与开展程度不够，高校并未注重相关文化课程的形式创新和内容创新，在教材选取等方面也并未做出改变，将中华优秀传统文化拘泥于传统形式中，极大影响了大学生的学习兴趣。

二是中华优秀传统文化融入大学生思想政治教育面临外来挑战。调研发现，外来文化虽未占据主导地位，但外来文化的接受度与宣传力度较大，中华优秀传统文化的社会发展环境不容乐观。受西方"普世价值"、宗教、流行娱乐文化以及网络文化等多元文化的影响，大学生在行为和思维方式上易出现极端利己主义、拜金主义倾向，这种优秀传统文化的缺失现象是中华优秀传统文化融入高校思政教育中的挑战。

三是当前高校中华优秀传统文化的建设路径并不完善。大学生思想政治教育既需要师生教学相长，又需要教师创新教学内容与方式、学生学会批判性思维；既需要传统的媒介提供服务与帮助，又需要开发使用新技术提高教学质量与效率。当前的传统文化建设路径并不完善，且亟待加强，这关乎中华优秀传统文化融入大学生思想政治教育建设的改革与创新。

三、中华优秀传统文化融入大学生思想政治教育的路径选择

（一）指导思想：马克思主义指导与中华优秀传统文化学习相统一

中华优秀传统文化融入大学生思想政治教育，要坚持马克思主义的指导思想。中华优秀传统文化深深植根于中国悠久历史中，在我国有着深厚的文化根基。马克思主义与中华传统文化有诸多相似之处，例如马克思主义中正确世界观、人生观、价值观与中华优秀传统文化中培养人良好品德就有很多异曲同工之处。在大学生思想政治教育过程中，最重要的就是坚持马克思主义指导思想不动摇，并将优秀传统文化与之相结合。

（二）主体力量：教师的教与学生的学相统一

教师是教育工作的传授者，学生是教育工作的主体，二者统一于思想政治教育的实践中。只有教师的教授和学生的学习统一结合起来，中华优秀传统文化融入大学生思想政治教育中才有意义、有分量。高校教师要用优秀的中华传统美德规范自身的言行，以传统文化中的优秀思想提升自身道德修养，使自己成为大学生品德和行为的表率。高校大学生要加强自主学习能力，自觉接受传统文化的洗礼，主动学习思想政治理论课程，提高独立思考和探寻真理的能力，把知识内化为自己的思想，真正把思想政治教育和传统文化教育的内容落到实处。

（三）课程体系：思政理论课与专门传统文化课、讲座课相统一

当前部分高校只是将传统文化作为选修课程，致使大学生对中华传统文化知之甚少。因此，将思想政治理论课程与专门的文化课程、讲座课程相统一，是传统文化与高校思政课相结合的主要路径之一。高校要根据各自学校的实际情况开设专门的中华优秀传统文化必修课程或选修课程，通过完善课程体系，遵循"三进"原则，实现传统文化进教材、进课堂、进头脑。此外，积极改进教学方法，分析利于学生接受的教学方法，采取喜闻乐见的方式传授给学生，从以讲授为主逐渐转变为探究为主，使学生最大限度地接受传统文化。

（四）阵地建设：现实阵地与网络、广播阵地建设相统一

高校要加强校园网络新兴阵地建设，建设一批既有鲜明特色又符合学校实际的精品网站，通过文字、图像、声音和动画等多种形式，增添传统文化元素，让大学生感受传统文化的魅力。要营造健康的校园网络文化氛围，高度重视校园网络环境的建设与监管，净化大学生的上网环境，努力形成积极、文明的大学校园网络文化，为提高大学生传统文化素养提供一个健康的校园网络环境。高校课堂应该与多媒体技术相结合，主动运用现代科技手段，使大学生能够通过现代信息传播渠道学习中华优秀传统文化。除此之外，高校也要定期组织观看一些反映历史题材的影视剧，通过多种方式接受传统文化的熏陶，结合中华传统文化积极开展生动活泼的网络思想政治教育活动，形成线上线下思想政治教育的合力，实现现实阵地与网络、广播阵地建设相统一。

（五）环境塑造：社会环境、校园环境与家庭环境相统一

中华优秀传统文化融入大学生思想政治教育需要社会环境、校园环境和家庭环境等多方面协调配合，把社会、学校、家庭3方面教育领域结合起来，形成教育合力。社会环境会间接地、潜移默化地影响人的思想面貌和价值取向，影响思想政治教育的内容和方式。校园是大学生进行传统文化教育和思想政治教育的主要场所，优良的校风能够增强学生凝聚力、提高学习的积极性，使学生能够不断奋发向上，追寻更高的理想目标。家庭对孩子的影响是最直接的，父母是孩子的第一任老师，应该以身作则、言传身教，营造和谐温暖的家庭氛围，为孩子学习传统文化尽可能创造更多的条件。

四、结语

中华优秀传统文化具有强大的生命力和文化感染力，能够包容和吸收各种优秀文化；又能够与时代发展相结合，历久弥新，不断创新，在新时代焕发出新的生机与活力。当代中国要推动中华优秀传统文化的创造性转化和创新性发展，充分挖掘中华传统文化融入大学生思想政治教育所蕴含的价值意义，有效地借鉴和吸收中华优秀传统文化的"养分"，推动中华优秀传统文化与大学生思想政治教育相结合，进一步提高和加强大学生的思想道德和精神修养，同时创新性发展思想政治教育的内容和途径，改进和完善新时代思想政治教育工作。

推荐单位：中国化工政研会

作　　者：秦洪庆　王乐昌　秦宁波

进一步加强国有企业青年员工
思想政治工作调查研究

加强新时代国有企业青年思想政治工作，对于青年员工立足岗位成长成才、推动企业高质量发展具有重要意义。本课题以中国核工业集团有限公司（以下简称"中核集团"）为例开展研究。

一、青年员工思想状况的基本情况

调研组在中核集团内部开展了问卷调查，共收回有效问卷90236 份，其中 35 岁以下青年员工 47468 份，占有效问卷的52.6%。课题组从工作绩效、奉献精神和留任意愿 3 个维度对不同年龄段、不同岗位、不同感情状况的员工表现进行量化打分，每项满分 5 分（详见图 1 到图 3）。调查显示，中核集团的员工能很好地完成本职工作，并且愿意为企业做出很多职责以外的工作，即工作绩效和奉献精神较好。相比而言，员工的留任意愿度有较高的提升空间。

28岁以下	28—35岁	36—40岁	41—50岁	51岁及以上

—— 工作绩效　　—— 奉献精神　　—— 留任意愿

图1　不同年龄段员工相关指标情况

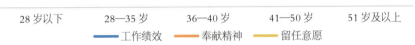

生产操作维护　科研技术　职能管理　后勤服务　行政工作　企（事）业单位　营销采购

—— 工作绩效　　—— 奉献精神　　—— 留任意愿

图2　不同岗位员工相关指标情况

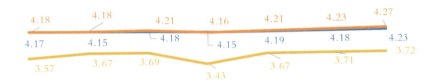

已婚	未婚	其他

—— 工作绩效　　—— 奉献精神　　—— 留任意愿

图3　不同感情状况员工相关指标情况

综合问卷调查及青年员工座谈情况分析，产生上述趋势的原因集中在 4 个方面：青年员工在生产经营管理方面个人价值发挥不明显，导致获得感不强；青年员工在职业发展通道和前景展望方面的需求满足不到位，导致方向感不强；对青年员工在企业文化熏陶和精神培育上不彻底，导致荣誉感不强；在解决青年员工急难愁盼问题方面不及时，导致幸福感不强。

二、探索建立"核风细雨"思政品牌

基于调查研究结果，集团探索建立具有中核特色的"核风细雨"思政品牌，核心内涵是"四结合"模型（图 4），让青年思想政治工作落地生根、春风化雨，不断提高青年的综合素质和能力水平，推动企业健康稳定发展。

图 4 "核风细雨"思政品牌及模型

（一）把思想政治工作同生产经营管理相结合，确保青年干事创业的担当更加自觉、氛围更加积极

秉持砥砺青年初心使命、磨砺青年能力本领的思想政治工作理

念，大力推进"青春建功'十四五'行动"，深化"号手岗队"建设。围绕中心工作，在"急难险重新"任务中积极组织开展"青春建功百团行动"等活动，创建"国门战役""龙骨剑心""立德树人""五岳大别山""微火"等874支青年突击队，数万中核青年在重点工程建设调试、重大科研项目攻关、重大任务生产一线踔厉奋发，奋勇前行。

（二）把思想政治工作同人力资源开发相结合，确保青年成长成才的方向更加明确、路径更加优化

坚持面向青年、深入青年、发展青年的思想政治工作导向。持续开展"青青传帮带"工作，邀请各专业总师、专业带头人以及退休老前辈重温奋进历程、开展技术培训，推动青年精神和能力"双促进"。作为共青团中央的试点单位，中核集团以系统思维统筹推动"青马工程"，强化学员理论武装，以原著研读、交流分享、考试测验、参观寻访、课题研究等方式，培养一大批堪当时代重任的"硬核"青年马克思主义者。

（三）把思想政治工作同企业精神培育相结合，确保青年精神气质的心境更为澄明、追求更为崇高

中核集团高度重视历史教育在青年思想政治工作中的关键作用。组织青年职工参加"传承红色家风　矢志强核报国"主题教育，邀请彭湃之孙女、"时代楷模"彭士禄之女彭洁讲授"忠于理想的两代人"专题讲座。组织青年参观党性教育基地、爱国主义教育基地等，激励青年赓续红色基因。同时，聚焦社会责任，组织"服务冬奥　百团行动""学习雷锋　百团行动""乡村振兴　百团行动"

等系列志愿服务活动，在意蕴丰富的社会实践中，滋养爱国情怀，弘扬新时代核工业精神。

（四）把思想政治工作同解决急难愁盼问题相结合，确保青年前进奋斗的步伐更轻盈、姿态更自如

集团高度重视青年的切身利益和急难愁盼问题并积极采取措施。通过建立健全青年舆情监测机制，深入了解青年的思想动态和情绪变化。持续开展"我为青年办实事"实践活动，在住房问题上积极协助申请公租房，并提供申办住房补贴等福利。在交友问题上积极组织多种形式的联谊活动，帮助青年拓展"青春朋友圈"。通过类似活动在青年群体中营造了积极向上、团结互助的工作氛围，提高公司的凝聚力和向心力的同时，也为青年员工提供了展示自我、实现自我的平台。

三、存在的问题

经过综合分析，青年职工思想政治工作还在一定程度一定范围内存在着一些亟待解决的问题。主要有以下几个方面。

（一）部分单位存在思想认识上"轻视"的现象

部分单位对于思想政治工作认识不深刻。特别是部分基层单位片面追求"经济利益优先"，对思想政治教育的效果不关心，对员工个人思想道德状况了解甚微，造成了一手硬、一手软的现象：抓经济建设硬、抓思想建设软；抓业务培训硬、抓理想教育软；抓精品打造硬，抓精神塑造软；研究谋划不多，人才投入不足。部分青

年职工对于思想政治工作认识模糊。一方面，部分青年职工受消费主义和拜金主义思想的影响，将工作目的和理想追求都落脚于工资收入和物欲享受，将思想政治工作片面理解为理论说教，对其持嘲讽态度。另一方面，一些不配合和支持思想政治工作的青年还向周围人传递负面思想，主张"思想政治工作无用"的错误观点，严重损害了企业整体思想政治工作的氛围。

（二）部分单位存在工作队伍上"弱势"的情况

思想政治工作队伍缺乏真正的高素质人才。一些思想政治工作者不同程度地存在着理论功底不扎实、政策水平不高、思想观念落后等问题，在真正开展思想政治宣传教育的过程中，大道理讲不清、小道理不会讲。部分思想政治工作者自身的理想信念不够坚定，吃苦耐劳精神不足，面对硬骨头就临阵脱逃，工作作风不扎实，不敢亮剑、畏畏缩缩。同时，思想政治工作者在企业内部的重视程度低，薪资待遇和管理培育都处于"边缘化"态势。一些企业更强调对于技术人才、管理人才的招聘和管理，对于思想政治工作者的需求相对较低，导致企业内部思政工作者数量不足。思想政治工作成效难以量化，加剧了"边缘化"的态势，导致后续人才招聘更加困难、队伍更新频率低，最终越发导向队伍弱势的局面。

（三）多数理论宣教存在内容形式上单一陈旧的情况

当前国有企业青年职工大多数为90后、00后，其思想受互联网各种思潮影响，思维活跃度高、跳跃性强，极具发散性和个性，对于思想政治教育的理解也不同于过去任何一代人。开大会、作报告，读报纸、发文件，拉横幅、刷标语等老套形式严重落后于新时代思想政治工作的实际需求，难以激发起职工的兴趣。职工在参与的过程中始终抱着或多或少的抵触情绪，导致思想政治工作的渲染力和感染力不尽如人意，思想政治工作质量低，难以形成良好的思想政治工作模式。

（四）个别单位存在重点领域群体工作"缺位"的问题

个别单位思想政治工作覆盖领域不够全面，对部分重点领域群体的思政教育存在"空场缺位"的现象。特别是对青年干部缺乏有效覆盖和精准引领，导致部分青年干部难以真正把对世界观、人生观、价值观改造的结果转化为实际行动。部分青年干部还存在政治立场不坚定、理想信念不纯洁等原则性问题，甚至存在以权谋私、权钱交易、贪污腐败、谋求私利等不良现象，危害了国有企业的健康发展，不利于国有企业思想政治工作的开展。

四、对策建议

基于上述 4 个问题的思考，课题组认为，应坚持"以理服人""以德立人""以文化人""以人带人"和"以情动人"，打好国有企业青年思想政治工作"组合拳"。

（一）抓好"以理服人"，坚持不懈加强党的创新理论武装

坚持把学习贯彻习近平新时代中国特色社会主义思想作为重大政治任务，依托多种理论学习活动，引导广大青年用党的创新理论分析国内外形势和改革发展稳定面临的新情况、新问题，自觉运用贯穿其中的立场观点方法，树立正确的世界观、人生观、价值观。

依托基层组织开展大学习大讨论，用好"青年大学习"活动、"青马工程"、青年理论学习小组等主题活动，打造基层党组织理论宣传品牌。善用青年易于接受的话语体系、喜闻乐见的方式、简单便捷的载体，回应青年关切，增强理论宣讲的吸引力和感染力。

（二）抓好"以德立人"，培育和践行社会主义核心价值观

发挥社会主义核心价值观对企业核心价值观、企业精神及理念体系的引领作用，结合基层特色文化，找到社会主义核心价值观与青年职工群众思想的共通性、共鸣点，实现深度融入、同频共振，使青年的思想行为以社会主义核心价值观为标尺。广泛开展创先争优活动和青年精神素养提升工程。开展以职业道德、社会公德、家庭美德、个人品德为主题的社会主旋律教育。通过举办有特色、有烟火气的群众性活动，持续强化文化熏陶和实践养成，使社会主义核心价值观内化为青年职工的精神追求和情感认同，外化为自觉行动和行为习惯，营造具有奉献精神、文明风尚的企业氛围。

（三）抓好"以文化人"，大力满足青年精神文化生活需要

充分发挥青年职工在国有企业文化建设中的主体作用，关注青年的真实需要，挖掘和倾听青年的心理诉求，让每一位青年职工都成为企业文化的建设者，才能使企业文化真正被员工接受认同，增强和巩固青年的"主人翁意识"，使其以更加昂扬自主的状态投入工作中。营造浓厚氛围，增强文化参与度。结合特定时间节点和主题，开展丰富多彩的文化活动，走进博物馆、艺术馆、纪念馆，满足青年职工多层次多样化的精神文化需求。激发基层创作热情，鼓励青年职工以文艺创作的方式记录所思所想，打造高质量文化产品，

以文化的力量引导人、激励人、鼓舞人。

（四）抓好"以人带人"，充分发挥先进典型示范引领作用

积极挖掘、选树和宣传职工群众身边的先进典型，通过评选基层先进集体、先进个人、优秀党员，树立一批接地气、示范性强、特色鲜明的模范榜样，并进行表彰奖励，形成"比学赶帮超"的浓厚氛围。推动先进典型带头领路，帮助青年职工干事创业。针对青年职工在工作中的问题和困惑，采取师徒结对子的方式，组织劳模工匠、技术带头人等深入基层一线为职工思想解惑，让青年职工身边的榜样典型成为引导青年职工专业技术、理想信念的导师。

（五）抓好"以情动人"，切实加强青年人文关怀心理疏导

坚持"零距离、多渠道"与青年职工的沟通交流，深入了解青年思想状况，做好释疑解惑和思想疏导。实施定期心理健康评估，准确掌握青年需求，找准人文关怀与心理疏导的切入点。通过职工满意度调查、接待日、座谈会等方式，及时了解和掌握青年职工的思想动态和实际困难。定期举办活动普及心理健康知识，举办暖心互动课堂，促进健康积极心态的养成，增强心理资本。深入推进"我为群众办实事"活动，在住房、婚恋、教育、养老、育幼等领域，用心用情用力解决好群众急难愁盼的问题。采取"点式帮扶"，面对面、心贴心、实打实地帮扶困难职工，对特殊人群进行常态化、长效化管理服务，不断增强广大青年的获得感、幸福感、安全感。

推荐单位：中国核工业政研会

作　　者：史定国　赖江南　呼平晏

航天工业遗产在大力弘扬航天精神中的时代价值研究

航天系统共有 7 处国家工业遗产和中央企业工业文化遗产。北京卫星制造厂、红光沟航天六院旧址、中国航天 603 基地和湖州七〇一三液体火箭发动机试车台隶属于航天科技集团；金陵机器局和金陵兵工厂旧址、三线航天 066 导弹基地旧址、固体火箭发动机功勋试验台隶属于航天科工集团。航天企业应当深入挖掘工业遗产承载的航天精神及其时代价值，探索工业遗产在弘扬航天精神中的作用与路径，为加快建设航天强国、奋力实现建军一百年奋斗目标提供强大的精神动力。

一、航天工业遗产与航天精神的内在联系

航天工业遗产是航天精神的原始空间。见证了航天事业在党的领导下从无到有、从小到大、从弱到强的发展历程，记录老一辈航天人艰苦创业的激情岁月，凝结航天工业文明的历史记忆，是一部

中国航天发展的"历史教科书"，是航天精神的物质载体。

航天精神是航天工业遗产的价值核心。镌刻在工业遗产中的奋斗故事、科学作风和文化内涵，都蕴含着热爱祖国的根本内核、自力更生的立业之本、改革创新的时代要义、勇攀高峰的不懈追求、协同攻坚的大局意识、严慎细实的工作作风。挖掘工业遗产中的航天精神有利于坚定航天报国志向和航天强国信念，增强新时代航天人发展航天事业、建设航天强国的历史自信、文化自信。进而迎接和面对新的挑战，不断坚定实现高水平科技自立自强的信心，为航天强国建设贡献力量。

二、航天工业遗产在大力弘扬航天精神中的时代价值分析

保存好、利用好航天工业遗产，传承好、弘扬好航天精神，是新时代赋予航天企业的光荣使命，是航天事业高质量发展的必然选择，也是推动文化繁荣、建设文化强国、建设中华民族现代文明的重要支撑。

（一）人文价值：航天文化的精神高地

工业遗产最宝贵的财富是工业企业的艰苦创业与开拓奋进历程，以及蕴含在其背后的精神源泉。航天工业遗产大部分诞生于航天事业初创时期。在十分艰苦的条件下，以钱学森为代表的航天前辈们完全依靠自己的力量，用较少投入、较短时间，经过艰辛攻关探索，拉开了中华民族探索浩瀚宇宙的序幕，成功发射了我国第一枚导弹、第一颗人造卫星，打下了中国航天事业的坚固根基。

随着时代变迁，航天精神也在持续丰富演进。面对错综复杂的国家安全形势，弘扬航天精神更加具有重要的现实意义。置身于活态的工业遗产中，新一代航天人将直观地看到航天事业筚路蓝缕的奋斗历程，深入地了解航天历史，感受到创业的艰难，寻找"为什么而出发"的初心，从而坚定航天报国的信念，为实现航天事业基业长青、永续发展贡献青春力量。

（二）社会视角：家国情怀的教育基地

中国的航天事业是在中国共产党的领导下白手起家的，在新中国成立之初一穷二白的背景下，集全国之力搞导弹、人造卫星。面对航天事业发展的迫切需要，航天人以"国家需要，我就去做"的忠诚和奉献，把自己的职业理想、技术能力与国家需求融合在一起，干惊天动地事、做隐姓埋名人，用青春乃至生命诠释了祖国利益高于一切的价值追求。在价值多元化的当下，航天人的家国情怀对于新生代树立家国一体意识、强化家国认同具有重要意义。

当前，中国发展面临新的战略机遇，工业遗产所展示的航天故事、航天人物，更好地激发出参观者深藏在心中生生不息、薪火相传的重要家国情怀，使当代青年把个人理想、人生价值与祖国需要、民族命运紧密相连，铸就形成以国为重、祖国利益高于一切的价值追求，从而为战胜前进道路上的各类困难、为民族复兴伟业凝聚更大更广泛的爱国热情。

（三）历史维度：科技进步的直观载体

工业遗产是工业文明记忆的凝结。航天工业遗产地记录着20世纪六七十年代航天科技水平，原始的生产试验场所、简陋的设备仪器伴随着航天事业的发展，老一辈航天人在仿制、改进和创造中不断迭代、创新，使其适应科技发展。但随着自动化、智能化水平越来越高，经济与物质条件越来越好，这些场所和设备最终退出了历史的舞台，成了尘封的遗存。

随着新一轮科技革命和产业变革，航天企业需要不断开拓创新领域、探索创新方式、转换创新范式，促进重大前沿技术和颠覆性技术快速涌现和深度应用，努力抢占制高点。航天工业遗产便是航天科技创新创造的最好轨迹。从满是沧桑的工业遗址，到现代化的航天科研生产条件；从过去的一穷二白，到如今的繁荣富强；从过去的隐姓埋名，到当下的举国关注，形成了鲜明的对比，更好地激发科技工作者自主创新、勇于登攀，坚定实现高水平科技自立自强的信心。

三、航天工业遗产在大力弘扬航天精神中的不足

（一）价值挖掘不够深入

航天工业遗产更注重发挥对系统内航天人的教育作用，以及对青少年群体的航天知识科普作用。作为中国共产党人精神谱系的重要组成部分，面向全社会厚植以国为重的高尚情怀、砥砺攻坚克难的信心勇气、增强大力协同的团结意识、提升勇于登攀的创新精神还需要进一步加强。

（二）阐述方式不够生动

航天工业遗产在航天精神的阐述上过于传统，展示展览较多，

互动性、沉浸式方式较少，与日新月异的传播方式、青年日益增长的精神文化需求结合不够紧密。需要用青年人愿意听、听得见、听得懂的阐释方式进行表达。

（三）资源投入较为单一

目前，开发利用以企业自筹资金为主，政府拨款支持为辅，吸引社会资本投入比较少。航天企业经营运作专业性不强，实现盈利、收回投入成本微乎其微，不利于工业遗产的良性发展。

四、建议与对策

面对新的文化使命，航天企业应与时俱进，积极探索工业遗产的时代价值，不断丰富航天精神的时代表达和具象表达。

（一）引发共鸣：提取文化内核，将工业遗产的精神价值用于丰富航天精神的时代表达

一是以国为重，坚定航天报国的奋斗志向。在新的发展阶段，航天企业面临着更加艰巨繁重的改革发展和科研生产任务、更加激烈的市场竞争环境。新一代航天人面对着更大的竞争压力、更快的工作节奏、更多元的价值观念和更强烈的自我实现需求。提炼工业遗产蕴含的奋斗故事、科学作风和文化内涵，通过走访工业遗产旧址、讲述航天故事等形式，教育引导员工接力传承航天前辈的崇高精神和高尚品格，把"国家需要"与"自我实现"相结合，把"干惊天动地事"与"做隐姓埋名人"相融合，为实现航天梦提供不竭动力。

二是以新图强，强化自立自强的进取精神。抓创新就是抓发展，谋创新就是谋未来。在武器装备现代化的新形势下，航天企业应当聚焦国家安全迫切和长远需求，坚定不移走好航天科技自立自强之路。要深入挖掘工业遗产中自力更生、自主创新的基因，用史料、实物深度还原老一辈航天人攻克难关的创业史。通过工业遗产与当前条件的"旧"与"新"、"简陋"与"现代"、"人工"与"智能"等多维度的比较，推动发展思路、管理方式、技术领域等多维度创建，实现航天科技战略性、前沿性、颠覆性发展，更好地满足国防现代化建设需求。

三是以人为本，倡导同舟共济的协同意识。航天系统工程的特点决定了大力协同是保证成功的重要基础。工业遗产中的宏伟建筑遗址、研制的航天产品，都凝结着全国各方的力量。当前航天事业的发展需要全社会的大力支持，更需要系统内的大力协同。要着力阐释工业遗产蕴含的人本意识、协同意识，激励新时代航天人充分发扬集体主义精神，强化"一盘棋"思想，正确处理局部与整体、个人与集体的关系，坚持目标同向、行动同力、上下同心。

（二）实现共情：创新阐述方式，将工业遗产的空间价值用于实现航天精神的具象表达

一是以数字化手段讲好航天故事。数字化已成为工业遗产传承弘扬航天精神的一种重要手段。突破空间的局限，利用数字技术将航天故事进行线上线下的一体化考量，运用数字化手段构建航天工业遗产数字博物馆、展示厅等，突破地理、物理限制，使工业遗产走出深山，扩大航天故事的传播范围。跨越时空的界限，运用人机交互、VR虚拟现实结合等数字媒介互动增强体验感，实现从严肃

到活泼、从静态到动态、从抽象到具体、从现时空趋向超时空的有机融合，再现历史、传承文化。

二是以融媒体矩阵传播航天声音。随着新媒体的蓬勃发展，移动互联网已经成为信息传播的主渠道。航天工业遗产在形式上，应融合影音、图文、动画等多种形式，将航天故事由原本的单一文字转变为既"可读可听可看"又"可互动可分享"的立体化表达形式。渠道上，应顺应当下新媒体用户快速、便捷的视听要求，整合门户网站、展示厅等阵地资源，覆盖抖音、B站、快手等"Z世代"聚集地，实现互联互通全覆盖。

三是以多元化方式塑造航天形象。建设航天强国离不开航天文化软实力的推动。拓展文创产品和周边衍生品，结合航天特点，打造生动形象的工业遗产IP，推出服饰、文具、徽章、盲盒等周边产品，对外展现航天形象。丰富展现方式，拍摄相关题材影视作品，组织航天文化作品设计大赛等，持续提升全社会对航天文化、航天精神的认同度。

（三）聚力共行：拓展开发模式，将工业遗产的社会价值用于探索航天精神的广泛表达

一是搭建面向社会的专业展示平台，加深公众认知。无论是航天技术发展还是航天事业发展，都需要有"权威性、学术性、专业性"的展示窗口。开发国防教育基地，建设博物馆、展馆等，最大限度保护或还原航天事业建设初期的场景。建设数字档案馆，加强与地方文化机构、教育机构等资源合作，建立完整的工业遗产数字档案，为大众提供更便捷的资料查阅手段。组织开展研讨会，集思广益为开发和保护航天工业遗产、弘扬航天精神提供理论依据。

二是集聚广泛支持的社会资源力量，完善开发链条。新时代，航天企业应当从增加经济效益、建设特色城市等角度出发，引资引智，充分利用外部资本和技术，将单一的遗产遗迹扩建为航天工业遗产区、文化体验区、沉浸生活区等系列主题区，打造文化产业集群。与时俱进，建设露天电影、公社食堂、体验客栈等极具时代感的商业配套设施，设置"穿旧衣、展新颜"培训体验区，搭建老式理发店、照相馆等实景"打卡地"，增强产业吸引力。

三是设置分门别类的社会推广课程，增进文化认同。航天工业遗产不仅包括物质遗产，还包括生产工艺知识、管理制度、企业文化、航天精神等非物质遗产。加强爱国主义教育，组织开展思政课堂，传承红色基因，赓续红色血脉。加强航天知识科普，走进校园开展科普讲座，向青少年普及航天产品设计、生产等知识，在他们心中种下热爱科学、热爱航天的种子。加强航天文化交流，与驻地政府举办红色文化专题展等，致力工业遗产的共同保护和开发。

推荐单位：中国航天科技政研会

作　　者：朱平国　周春燕　李柏杨

航天制造企业紧急攻坚情况下
思想政治工作研究

近年来，航天制造企业一线职工常常为完成高强度、高密度、高难度的中心任务而开展紧急攻坚，具体是指在企业科研生产、经营管理、产业发展等领域，迫切需要高质量完成的紧急性或临时性任务，包括紧急调度令任务、紧急维修保障任务、百日攻坚冲刺和关键核心技术攻关、智能产线建设与应用等。这为企业思想政治工作提出新要求，带来新挑战。

针对这一问题，课题组深入调查了解一线职工面临"急、难、险、重、新"任务时的紧急攻坚工作现状，分析当前思想政治工作存在的薄弱环节，结合心理学、管理学、思想政治教育学等相关理论，研究提出适合紧急攻坚状态下的思想政治工作路径，以促进思想政治保障体系精准发力。

一、航天制造企业紧急攻坚情况下思想保障现状分析

课题组面向中国航天科工三院总装厂设计发放了专项调查问卷，并与密切相关单位的党支部书记、技术人员、调度员、班组长、技能工人等群体进行深度访谈。

问卷和访谈结果显示，90% 以上的职工非常重视紧急攻坚任务，将其作为航天人的职责使命，展现出强烈的责任意识和高度的敬业精神。在职工对紧急攻坚任务的压力和承受力方面，约 96% 的职工能够承受，而"工作 25 年以上"的职工压力相对更大些；绝大部分职工的压力源于工作任务和生产环节紧密，部分压力源于工作难度提高、技术状态变更、工作时间延长、沟通协调不畅和家庭因素等。在遇到工作困难或压力时，约 78% 的职工选择寻求同事帮忙，还有的会向上级领导反映寻求帮助。保障措施满意度分析中发现，约 75% 的职工对"召开形势任务宣讲会进行思想动员"这一措施最满意。

同时发现了一些存在的问题，主要有以下几个方面。

（一）协同管理的精益化模式有待完善

从问卷结果和访谈反馈来看，"协同平台不健全，协同配合、沟通衔接不畅"及"节点紧张，生产环节紧密，时间紧迫"等压力均体现出当前协同管理模式的科学性和规范性有待加强，是现有思想保障体系的一个短板。由此产生的压力会降低职工工作主动性和积极性，对工作质量和工作推进效率产生消极影响，需持续关注并大力提升协同管理的精益化水平。

（二）思想保障的多元化创新有待提升

由于压力来源的复杂性、现有保障措施的局限性以及职工岗位和个人情况的差异，当前思想保障措施体系的多元化创新稍显不足。目前，由于社会环境的变革和教育水平的提高，职工思想活动具有多样性，企业面临职工价值观念多元、价值取向多样，职工年龄、工作年限等存在较大差异的局面，更需要思想保障措施与时俱进、与势俱变，不断创新。

（三）保障措施的针对性实效有待增强

当前职工中较多的是青年职工群体，吸纳新知识多、视野宽，同时工作年限长的职工也在为企业发展贡献力量，如果不从多维度考虑和结合职工的特点，仅用空泛的、针对性不强的措施开展保障工作，就不可能取得最好的效果。且根据调查结果，现有的部分保障措施职工满意度相对较低，普及力度不够、实效性不明显，更需要思想保障措施与人俱专、与事俱优，不断完善。

二、航天制造企业紧急攻坚情况下思想保障的路径措施

按照紧急攻坚任务的不同时期阶段，将此期间的思想保障措施可分为"攻坚之前动员""攻坚之时保障""攻坚之后激励"3个部分有序推动。

（一）"攻坚之前动员"阶段，深化思想动员，催生协力攻坚的"原动力"

一是分析形势任务，提高使命意识。全面透彻分析紧急攻坚任

务的背景，结合日常性的思想政治教育宣传工作，通过组织召开形势任务宣讲会、开展动员课、发布团结号召书等形式，使广大职工明晰紧急攻坚任务的由来，明晰任务对国家需要和企业发展的重大意义，明晰任务要达到的预期效果，讲实内容、讲清思路、讲出举措，进一步统一思想，激励职工做好攻坚克难的决心和准备。

二是强化工作作风，压实全员责任。抓住党员干部这个"关键少数"，在任务开始前，可通过"党小组＋行政班组＋产品小分队＋机动保障小分队"等多层次交叉网格化单元分解，更精准地定位分工，让党员干部在关键时刻冲锋在前，凝聚起团队合力推动项目。可与项目攻关团队签订"军令状""责任书"，使紧急攻坚目标真正下沉到党员干部、团队所有人员，实现责任层层分解、压力层层传递。

三是建立协同机制，打通全链管理。建立严密而有效的动员领导机构和动员机制，是搞好动员准备和实施动员的基本保证。一方面，要以打破部门分工束缚、突破专业壁垒封锁、消除资源分配羁绊为目标，成立项目任务小组、精选配强科研骨干、搭建协调沟通平台，按照"小核心、大协作"管理模式，推行全链条"一站式管理"。另一方面，要建立健全各层级协同工作机制和定期协调沟通制度，从项目任务的纵向推进和总体资源的横向协调着手，打通项目信息链路，支撑需求、状态、计划、资源等要素的及时协同、有效衔接。

（二）"攻坚之时保障"阶段，全力保障推进，聚合攻坚决胜的"战斗力"

一是加强高效合作，推动工作进度。在复杂的紧急攻坚任务中，提高各方合作衔接的流畅度和有效性是提高战斗力的重要保证。可通过组织协调会、碰头会，甚至实行现场日例会协调机制，保证突发问题的快速解决；但要注意防止"文山会海"，提高工作效率，发挥好全线一体攻坚值班作用，及时发现产品齐套短板、堵点、卡点等，有效防范进度风险。管理部门要承担好服务职能，针对任务需要，"特事特办""急事急办"，灵活处理，全力保障所需的各类生产、试验、场地和设备资源，确保任务"零等待"。

二是做好慰问保障，强化攻坚动力。在任务具体推进中，需首要关注职工个人的基础性需求。可依托工会等群团组织，第一时间开展多方位多形式的关心关爱，如提供加班饭、准备零食水果饮品、协调临时宿舍等，为加班职工补给能量、保障休息。尤其要开展好异地职工、单身职工、出差职工家属等特殊群体的慰问，为职工解除后顾之忧。对于航天制造企业，还可通过组织"大干百天""专题劳动竞赛"等活动，动员干部职工大力弘扬劳模精神、劳动精神、工匠精神，掀起"对标、追标、赶标"的攻坚创效热潮，激发队伍的攻坚主动性和积极性。

三是集智多措并举，缓解工作疲劳。在紧急攻坚情况下，职工的基础需要呈现出一定特殊性，工作节点紧张、工作量激增、工作时间延长对职工身心健康产生一定的消极影响。这就要求领导干部等要密切关注职工身心健康、做好人文关怀。首先，领导干部、班组长等要充分考虑职工的工作强度、工作进展和家庭情况，建立健全特殊时期的排班、调休制度，合理安排调休的时间和数量，保障职工享有充足的休息时间。其次，要定期与紧急攻坚项目任务中的职工进行"一对一"的交流谈心。尤其在突击队、项目组等最前沿的团队组织中，要深入了解职工思想动态、问题困难，对工作难点的突破及时指导，帮助职工纾解心理压力。最后，要开展形式多样的业余活动，丰富职工业余生活，鼓励劳逸结合，缓解工作疲劳。

四是提振信心士气，做好氛围营造。满足职工"被尊重"的需要，做好人文关怀，可使其增进对个人能力和自我价值的认同和信心，推动工作水平和创新能力的不断提升。要重视紧急攻坚任务期间的氛围环境建设，适时更新橱窗、显示屏等展示平台的内容，张贴为紧急攻坚任务加油鼓劲的海报、条幅等宣传标语，使攻坚目标深入人心。要通过企业网站、微信公众号、视频号等媒体，实时报道攻坚任务的重要进展和丰富有效的保障举措，更好地强信心、暖人心、筑同心。

（三）"攻坚之后激励"阶段，严明考核奖惩，释放持续提升的"续航力"

一是加强正向激励，褒奖工作完成。正向激励是对人的行为进行正面强化，能进一步调动其积极性。要将"军令状""责任书"的完成情况与职工奖惩相挂钩。在物质奖励层面，可以在重要"里程碑"节点任务完成后及时兑现，对提前完成目标、取得突破性成果等的团队和人员，按照"一事一议"原则确定奖励；也要避免"只奖不罚"，严格落实重点调度计划和攻坚专项奖惩，确保奖到实处、罚到痛处。在精神奖励层面，可在任务完成后，召开"褒奖会"，对于严格履责、敢于作为、作用突出、业绩明显的人员，设置专项荣誉称号、颁发荣誉证书，优先推荐各类荣誉评选；并向参与人员发布感谢信，肯定职工在任务完成中的重要贡献，对职工的辛苦付出予以认可和感谢。

二是挖掘榜样人物，树立先进典型。群体心理学认为，当群体成员表现出与群体规范的一致行为，做出符合群体期待的事情时，

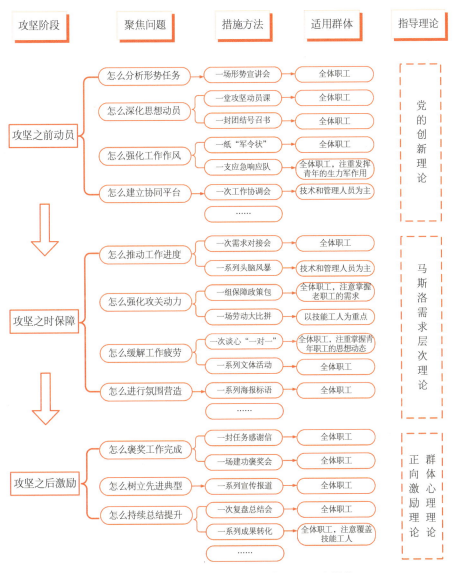

图1 航天制造企业紧急攻坚情况下保障措施

就会受到群体的赞扬，从而使个体感到其行为受到群体的支持，也会激发良性的从众效应。要大力挖掘攻坚任务中涌现出的先进事迹，采取文章、广播、视频等方式对典型事迹深度报道；要树立好榜样人物团队并进行重点宣传，让优秀职工成为各级组织关注和学习的榜样，营造"比学赶帮超"良好氛围，起到"点亮一盏灯，照亮一大片"的效果，从而激励全体职工奋发有为地为企业发展作出贡献。

三是吸取经验教训，迭代总结提升。要致力于不断提升思想保障措施的满意度，适时调整实施细节，使措施更加适应职工状态、工作形势，不断优化保障措施的实际效果。要凝练固化优秀的经验做法，及时对突破难点的核心技术、优化创新的管理方式等进行总结，凝练成优秀成果案例，并鼓励申报技术和管理创新成果、项目等，进行经验的分享和传播。要通过总结复盘持续提升思想保障工作水平，总结规律性认识，持续完善工作机制、强化工作作风、丰富工作手段、提高工作能力，为后续的类似任务积累经验、做好储备，为完成紧急攻坚任务的职工提供更加坚实、全面的思想保障。

推荐单位：中国航天科工政研会

作　　者：李　凡　王园伟　王　惠

基于"三九六风车"模型的
企业青年员工思想状况调研报告

本课题充分借鉴心理学和行为学的有关理论，构建了"三九六风车"调查模型。在此基础上，以中国船舶集团青年员工为调研对象，了解青年员工思想状况，针对中央企业加强青年员工思想政治工作提出对策和建议。

一、理论基础和模型设计

员工敬业度理论认为，员工对组织和岗位的认可程度代表他们对组织和岗位的整体态度倾向，员工对组织和岗位越加认可，其越有可能表现出在情感上、行动上对组织的承诺。这种承诺具体地表现为：不断向同事、潜在同事，尤其是向客户（现有/潜在客户）高度赞扬公司；强烈希望成为组织的一员等。

从员工敬业度的研究发现，存在影响员工对组织和岗位认可程度的主要驱动因素和次要驱动因素。并且根据长期调研的实践发现，驱动因素的满意度与整体认可度存在显著的正向相关性，了解青年员工在驱动因素上的认识有助于更细致了解青年员工在组织和岗位各个层面的满意度。

管理学理论认为，员工作为组织的一员是感受组织管理氛围的重要接受者与参与者，了解员工对组织内的重要管理特征的感受和认知，能够帮助组织和管理者了解到重要管理议题在员工心目中的态度，发现和佐证通过认可度和驱动因素反映出来的管理问题，有助于通过青年员工的视角改进管理措施。

基于以上理论依据，课题组从青年员工对组织和岗位的总体认可程度（敬业度）、驱动青年员工提升组织和岗位认可度九大因素，以及青年员工对六大重大管理特征的感知 3 个层面，对青年员工思想状况进行测量（表 1）。

表 1　青年思想状况测量维度及其解释

3 个层面	测量维度	解释
总体认可度	宣传	是否愿意对外宣传推介组织
	留任	是否愿意在组织长期留任
	投入	是否愿意为组织全情付出
驱动青年员工提升组织和岗位认可度九大因素	政治意识	对党的领导、理想信念等的态度和评价
	组织品牌	对企业品牌价值的态度和评价
	文化愿景	对企业文化、发展愿景的态度和评价
	工作任务	对自身工作内容、环境的态度和评价
	政策流程	对企业政策制度制订及运行执行的态度和评价
	激励认可	对企业给予的物质、精神激励的态度和评价
	学习成长	对企业提供的学习提升、成长发展环境的态度和评价
	人文环境	对企业人际、交互关系的态度和评价
	生活质量	对自身生活水平的态度和评价

3 个层面	测量维度	解释
青年员工对六大重大管理特征的感知	外部导向	企业是否关注战略，以顾客为中心，并努力去了解竞争对手、市场以及环境因素
	结果导向	企业是否坚持高标准严要求，注重结果达成，并主动作为、愿意承担责任
	变革创新	企业是否鼓励挑战传统，包容风险，不墨守成规
	制度规范	企业是否注重制度合规，并鼓励遵章守纪
	合作协同	企业及员工之间是否建立了相互信任、协同协作的关系
	以人为本	企业是否注重员工关心关爱、重视人才

第一层是总体认可度，反映了青年员工对组织的整体态度。这一层主要从 3 个维度了解青年员工对组织和岗位的认可度，分别是青年员工是否愿意宣传推介组织、是否愿意留任组织，以及是否愿意为组织投入贡献。

第二层是九大驱动因素，代表了青年员工对整体认可度的支撑因素。九大驱动因素覆盖了作为员工感知企业成功经营运转的九大方面，结合中央企业的特点，将其概括为：政治意识、组织品牌、文化愿景、工作任务、政策流程、激励认可、学习成长、人文环境和生活质量。其中政治意识、组织品牌、文化愿景、工作任务和政策流程为"组织发展端"的 5 个因素，激励认可、学习成长和生活质量为"个人回报端"的 3 个因素，人文环境是体现"组织的领导力端"的主要因素。

第三层是六大重大管理特征感知，反映了青年员工对组织所提供的工作、成长、管理环境所作出的评价。结合中央企业的管理特点，将六大重大管理特征总结为外部导向、结果导向、变革创新、制度规范、合作协同，以及以人为本六大具体特征。六大重大管理特征的这几个维度与九大驱动因素存在相互关联、相互印证的关系，青年员工对六大重大管理特征的感知从管理端进一步佐证管理"过程"对青年员工岗位建功的影响因素（图1）。

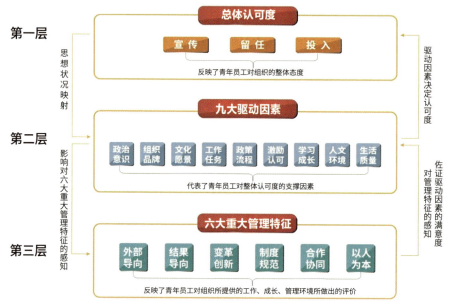

图 1　青年员工思想状况测量维度逻辑关系

　　基于上述逻辑分析，构建了"三九六风车"模型（图2）。风车由内向外分为3层：第一层总体认可度（敬业度）为风车"轴心"，是促进青年员工岗位建功的核心；第二层九大因素为风车的"轮毂"，是青年员工岗位建功的"内驱力"；第三层六大管理特征为风车的6个"风叶"，是青年岗位建功的"外驱力"。从风车的动力原理看，风叶转动带动轮毂转动，轮毂将动力传导至轴心产生运动，反映了总体认可度、九大驱动因素和六大管理特征之间的逻辑关系，即组织管理特征影响岗位建功驱动因素，岗位建功驱动因素决定青年员工对组织的总体认可度。

图2 青年员工思想状况"三九六风车"调查模型

二、基于"三九六风车"模型开展问卷调查

根据思想状况调查模型，课题组以问卷调查的形式对中国船舶总部以及58家下属单位35（含）岁以下的青年员工开展了调研，共回收有效问卷19215份，通过对比分析、分组分析、因子分析、综合归因等分析方法，全方位、多维度深入了解了青年员工的思想状况。

（一）主要结果

一是青年员工对组织充满自豪感和荣誉感。从青年员工对组织和岗位的整体认可度分析来看，青年员工在愿意宣传推介、愿意积极投入的得分明显偏高，分别为65.87%和66.04%（图3），从类似模型应用于其他企业的调研数据来看，最佳雇主的标准值为65%。这表明青年员工身为中国船舶的一员，为投身兴船强军事业而充满骄傲感和自豪感，军工央企的大平台给予自身奉献、奋斗的内驱力。

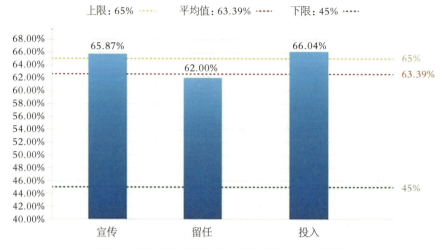

图 3　青年员工对组织和岗位整体认可度统计

二是支撑青年员工对组织的更高认可度主要源于青年员工对组织端和领导力端的认可，影响对组织的长期留任意愿可能与个人利益端体验感知较弱有关。青年员工对组织的政治意识、组织品牌、文化愿景以及领导力等人文环境给予了高度的认可，但对激励认可、生活质量、学习成长的认可度偏低（见图 4、图 5）。依据马斯洛需求层次理论，呈现出价值实现、精神满足等高层次需求与基本生活和安全感等低层次需求"倒挂"的现象。

图 4　青年员工对九大驱动因素感知统计

图5　青年员工对九大驱动具体因素感知统计

三是组织管理优势体现在强战略、重品牌，抓执行、系客户；但围绕员工的关怀管理与配套还有待完善。青年员工对组织端的相关维度的认可度都相对更高（图6），对于组织外部导向、结果导向的感知度分别为74.86%和76.56%，但对以人为本、制度规范、变革创新的感知度较低（图7）。这表明企业在管理上讲政治顾大局、以客户为中心，注重责任传导、执行有力的管理风格，但在一定程度上落实"以人为本"理念还有待完善。

图6　青年员工对六大重大管理特征感知分析统计

图7　青年员工对六大重大管理特征具体要素感知分析统计

四是由于员工在薪酬、工作生活、学习发展方面的综合体感欠佳，意味着在极大压力处境下，可能造成企业在人力资源端潜在的流失风险。从青年员工对组织端各个层面的感知来看，在快速发展过程中，管理者的领导力在面对挑战时也能够发挥号召激励、以身作则的作用，带领和促进企业发展，但是在极大压力处境下，可能会面临员工忠诚度或稳定性的挑战。

（二）青年员工的思想状况侧影

一是青年员工高度认可组织发展战略、品牌等精神层文化。无论是从驱动青年员工提升组织和岗位认可度的九大因素来看，还是从六大管理特征感知来看，青年员工均展现出了对中国船舶较高的政治意识、正确的价值取向，以及较强的社会影响力的认同感。这表明青年员工参与组织建设与发展的自豪感和自信心较强，支撑和激励着青年员工为组织奉献的积极性和内驱动力。

二是青年员工非常肯定组织的领导力、执行力、人际关系等行为层文化。六大管理特征调查数据展现出青年员工对组织强烈的责任感、积极主动意识、合作协同力的认可。驱动因素也反映青年员工对直接上级也给予了高度认可。这表明青年员工非常认同中国船舶在服务国家战略上的政治担当、较强的领导力和执行服务能力。

三是青年员工看重组织给予的物质回报，但目前对物质回报满意度有待提升。在驱动青年员工提升组织和岗位认可度具体因素的数据中可以看出，青年员工对薪酬、工作环境和便利性的认可度相对较低。这都说明了物质回报作为激励手段之一至关重要，目前存在回报与价值贡献不匹配的情况，一定程度上影响青年员工的敬业度和对组织的认可度。

四是青年员工在乎个人的学习成长，尤其在意是否被认可，以及职业发展的可持续性和通道的清晰度。青年员工认为激励其努力奋斗的最主要的两个因素为实现自我价值追求、增长才干和能力。这反映了青年员工强烈的成长意愿，但调研反映青年员工在学习成长上的得分仅高于激励认可和生活质量，这说明组织提供的学习成长机会与青年员工的需求之间还存在差距。

（三）其他发现

从企业性质来看，船厂青年员工总体评价得分低于其他单位。在总体得分趋势一致的前提下，院所青年员工报告感到更大的压力和对工作生活平衡的看重；而船厂、系统设备企业和专业公司对当前工作环境便利性有更多的不满意。

从学历来看，学历背景为专科的员工总体评价得分低于其他学历组。硕士、博士背景的青年员工报告更大的压力和工作生活平衡需要，同时硕士学位青年员工会希望获得更多鼓励创新，承担风险的组织氛围。这可能反映了硕士、博士高学历背景的员工逐渐成为组织的中坚力量，承受了较大压力，也对于施展才华，允许更多尝试的组织要求有更高的需求（图 8）。

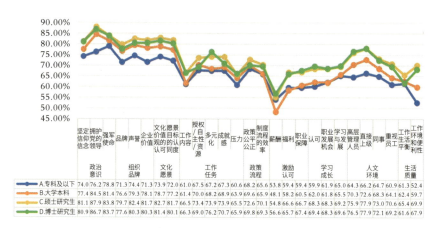

	政治意识		组织品牌		文化愿景			工作任务				政策流程		激励认可		学习成长			人文环境			生活质量	
	坚定拥护信仰党的信念领导	强军使命	品牌声誉	企业价值价值观的的认同度	文化愿景目标工作认可同度		授权/自主性/资源	多元化	成就感	压力	政策公正	制度流程的效率	薪酬福利	职业保障	认可	职业学习高层发展与发管理机会展人员	直接上级	同事	重视员工	工作生活平衡	工作环境和便利性
A.专科及以下	74.0 76.2 78.8	71.3 74.4	71.3 74.1 78.1	61.0 71.4 70.0	67.2 67.3	60.6 68.9	63.9 65.6	53.8 59.4	59.4 58.5	60.5 62.0	61.8 65.0	64.3 64.7	60.9 61.3 52.4
B.大学本科	77.4 84.1 74.6	79.3 78.1	78.7 77.2 61.4	70.0 68.2	67.3 60.6	69.6 69.5	48.1 58.4	59.4 52.6	60.5 62.0	61.9 65.2	65.3 70.2	66.4 61.4 62.4 59.7
C.硕士研究生	81.1 87.9 83.8	79.7 82.4	81.7 82.7 81.7 66.5	73.4 73.9	73.9 65.5	72.6 70.1	54.8 66.6	66.7 68.3	68.3 69.2	75.9 77.9	73.0 70.6 65.4 69.9
D.博士研究生	80.9 86.7 83.7	77.6 80.3	80.3 81.4 80.1 66.3	69.0 76.2	70.7 65.9	69.8 69.3	53.6 65.7	67.4 69.4	68.3 69.6	76.5 77.9	72.2 69.2 61.6 67.9

图 8　不同学历青年员工对九大驱动具体因素感知统计

从工龄来看，越年轻的青年员工更加在乎工作内容是否有趣，能否发挥优势。相对而言，工龄超过 20 年的员工则更注重职业保障，以及对组织的沟通效率，获得支持的感知更弱。或者也反映了工龄越大，在组织中需要得到更多的支持和关心，而越加年轻的员工亟待发挥自己的聪明才智，会对关于发挥自己优势、发展才能的驱动因素提出更高的要求（图 9）。

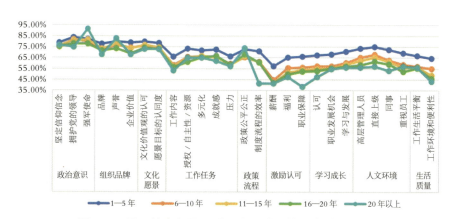

图 9　不同工龄青年员工对九大驱动具体因素感知统计

三、对策建议

（一）优化管理理念，实施青年员工分层分类管理

各级党组织应高度重视青年工作，落实党管青年原则，构建党、群、团多领域作用发挥机制。突出对青年员工的价值引领，开展以"两弹一星"精神、大庆精神、载人航天精神、航母精神等为代表的中央企业先进精神宣传教育。注重因材施教，分层分类加强培养，实施差异化考核，激发青年员工发展潜能，实现自我价值。

（二）搭建多维平台，助力青年员工成长成才

搭建学习平台，开展多层次、多维度培训，发挥"青马工程"示范作用，全力锻造复合型青年人才生力军。搭建岗位交流平台，推进技术与管理、不同业务板块的跨岗位、跨专业交流力度。搭建人才储备晋升平台，有计划地选派政治素质好、有能力、有责任感的青年员工到生产一线、科研攻坚项目等重大任务中经受历练。探索建立价值导向、层级细分的职级体系，为优秀青年员工的快速成长搭建机制化的"加速"通道。

（三）优化激励机制，激发青年员工内生动力

健全完善以岗位价值和个人能力、绩效和贡献度为导向的市场化、差异化的量化薪酬分配机制；设置丰富多样的荣誉激励奖项，按照工作职能、科研类别等分类设置奖项，满足不同岗位青年员工对荣誉的追求；持续实施带薪休假制度，积极鼓励青年员工带薪休

假，尤其是在育儿期的青年员工，为其提供政策和福利性的支持，提升他们的幸福感，激发其工作热情。

（四）强化人文关怀，呵护青年员工健康成长

借鉴探索"四必谈五必访"等思想政治工作方法，深化 EAP 心理关爱行动。坚持党建带团建，充分发挥工会"娘家人"的作用，广泛收集青年员工的合理化建议。积极探索长期驻外青年职工"家属反向探亲"、节日慰问等活动，探索一线城市青年员工住房补贴、集体公寓、周转住房等政策，鼓励实施弹性工作时间，加强青年关怀。

（五）健全制度保障，激发青年员工创新创效活力

优化配置资源，为青年员工在工作中提供所需的支持。优化和完善容错纠错管理机制，加强制度宣传及正面引导，合理容错、及时纠错、澄清保护，鼓励青年员工积极作为。建立创新创效交流机制，引导青年员工积极提出"小发明、小革新、小设计、小建议"，广泛动员青年员工参加"振兴杯"全国青年职业技能大赛等活动，激发青年员工创新创造的积极性。

推荐单位：中国船舶工业政研会

作　　者：焦怀庆　王国义　王玮麟

新时代人民兵工精神内涵研究

"把一切献给党"是人民兵工精神的内核，是人民兵工忠诚于党、忠诚于革命事业崇高信仰的内在表达，是人民兵工血脉赓续、根基永固的红色基因。"自力更生、艰苦奋斗、开拓进取、无私奉献"是人民兵工的优良传统，是"把一切献给党"精神内核的生动体现。新时代赋予兵器工业新使命新要求，人民兵工精神的时代内涵也将不断丰富发展，焕发新的时代风采。

一、新时代人民兵工精神的调研分析情况

为进一步了解集团公司广大干部职工对人民兵工精神的认知情况，专项课题组围绕"新时代人民兵工精神内涵研究"组织了有关问题的调查问卷（电子问卷），本次问卷调查对象面向集团公司车辆装备行业、火炸药行业、弹箭行业、光电行业以及其他领域17家子集团和直管单位部分干部职工，具备一定的行业代表性，共收

到有效问卷 11727 份。具体情况如下：

（一）在弘扬"把一切献给党"人民兵工精神方面

调查问卷统计显示，91.97% 的被调查者认为应该大力弘扬并与时俱进。

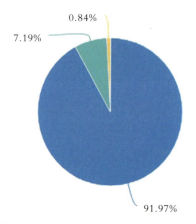

图 1　弘扬"把一切献给党"人民兵工精神情况

（二）在新时代人民兵工精神先进典型认同方面

调查问卷统计显示，认为李党屯（"李党屯安全工作法"主要创立人）为新时代践行人民兵工精神重大先进典型人物的为 61.93%，分析认为与集团公司自 2022 年开展学习"李党屯安全工作法"以来，大家对李党屯更加熟悉有关；认为毛明（中国科学院院士）、杨树兴（中国工程院院士）、邹汝平（中国工程院院士）为典型人物的分别为 61.34%、57.87%、56.58%，3 人均为院士，说明普遍认为集团公司院士群体具有很强的代表性；认为卢仁峰（全国最美职工）、戎鹏强（全国道德模范）为典型人物的超过 50%；认为周建民（全国优秀共产党员）、张新停（全国劳动模范）、马小光（全国劳动模范）、冯益柏（全国最美科技工作者）为典型人物的超过 40%；也有个别问卷填写了钱林方、梁兵、李魁武、王泽山等为心目中的典型代表人物。

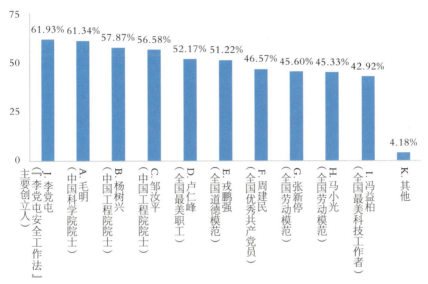

图2　人民兵工精神先进典型认同情况

（三）在人民兵工精神新时代内涵或价值的表述方面

超过 60% 的问卷认为人民兵工精神新时代内涵或价值应该具备

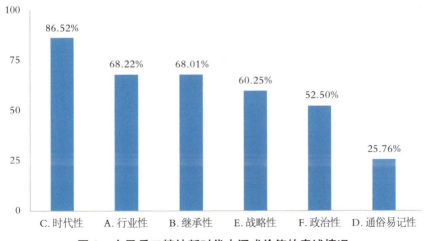

图3　人民兵工精神新时代内涵或价值的表述情况

时代性、行业性、继承性、战略性，其中认为应该具备时代性的高达 86.52%。

（四）在体现人民兵工精神新时代的表征方面

超过 95% 的问卷认为人民兵工精神新时代的表征应体现在军工品格、创新品质上；超过 80% 的问卷认为应体现在政治本色、价值追求上；65.64% 的问卷认为应体现在作风标尺上。均保持较高的认同度。

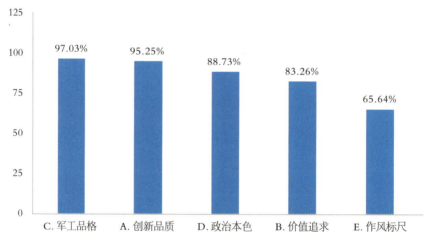

图 4　人民兵工精神新时代的表征情况

（五）在人民兵工精神新时代的政治本色认同方面

调查问卷统计显示，52.90% 的问卷认为是强军报国，24.99% 的问卷认为是爱党报国，16.47% 的问卷认为是对党忠诚，5.03% 的问卷认为是姓党为军，0.61% 的问卷认为是为民造福等其他词语。

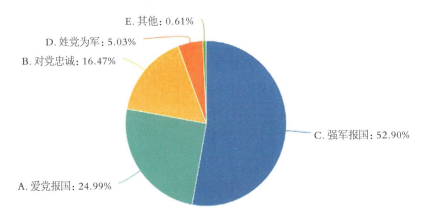

图5　人民兵工精神新时代的政治本色认同情况

（六）在人民兵工精神新时代的创新品质认同方面

调查问卷统计显示，31.93%的问卷认为是追求卓越，23.90%的问卷认为是敢为人先，23.05%的问卷认为是勇攀高峰，20.56%的问卷认为是严谨细致，0.56%的问卷认为是开拓创新等其他词语。

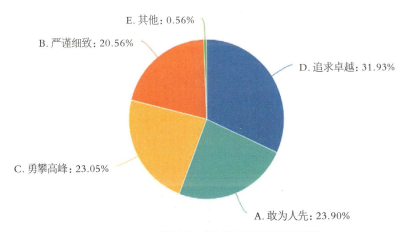

图6　人民兵工精神新时代的创新品质认同情况

（七）在人民兵工精神新时代的价值追求认同方面

调查问卷统计显示，32.41% 的问卷认为是开拓进取，25.94% 的问卷认为是守正创新，24.33% 的问卷认为是争创一流，16.92% 的问卷认为是自立自强，0.40% 的问卷认为是自强不息等其他词语。

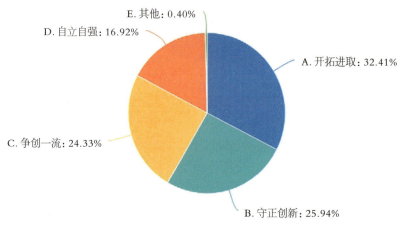

图 7　人民兵工精神新时代的价值追求认同情况

（八）在人民兵工精神新时代的军工品格方面

调查问卷统计显示，41.89% 的问卷认为是敬业奉献，32.22%

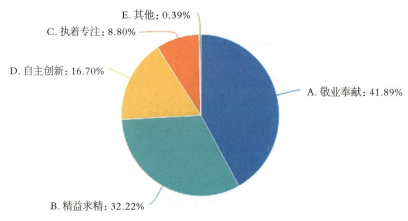

图 8　人民兵工精神新时代的军工品格情况

的问卷认为是精益求精，16.70% 的问卷认为是自主创新，8.80% 的问卷认为是执着专注，0.39% 的问卷认为是全球领先等其他词语。

（九）在人民兵工精神新时代的作风标尺的认同方面

调查问卷统计显示，29.34% 的问卷认为是攻坚克难，27.33% 的问卷认为是求真务实，25.56% 的问卷认为是敢于担当，17.37% 的问卷认为是百折不挠，0.40% 的问卷认为是自强不息等其他词语。

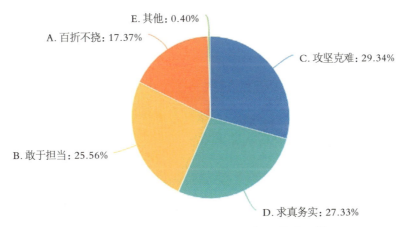

图9　人民兵工精神新时代的作风标尺的认同情况

（十）新时代应该通过哪些途径弘扬人民兵工精神

在发挥其作用方面，调查问卷统计显示，77.32% 的问卷认为可通过先进典型宣传的方式弘扬人民兵工精神，充分证明先进典型在弘扬精神方面的独特作用；76.38% 的问卷认为可通过影视文艺作品的方式弘扬人民兵工精神；超过 60% 的问卷认为可通过网络平台、书籍、报告会讲座等形式弘扬人民兵工精神；5.33% 的问卷认为可通过文创、报纸、短视频等其他方式弘扬人民兵工精神。

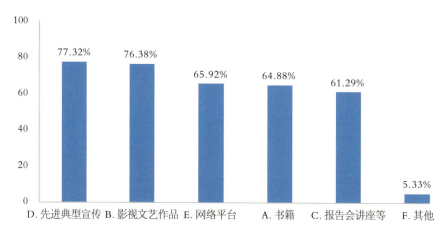

图 10　新时代应该通过哪些途径弘扬人民兵工精神

二、人民兵工精神的时代内涵

课题组认为，新时代人民兵工精神是对"把一切献给党"的精神内核、"自力更生、艰苦奋斗、开拓进取、无私奉献"优良传统的继承和发扬，着力体现"强军报国、追求卓越、开拓进取、敬业奉献"的时代内涵。其中，强军报国体现政治本色，追求卓越体现创新品质，开拓进取体现价值追求，敬业奉献体现军工品格。

（一）强军报国

强军报国作为政治本色，体现了人民兵工的行业属性，就是坚持人民兵工姓党为军，始终把强军事业作为兵工人的第一责任，想人民军队之所想，急人民军队之所急，以强军兴军彰显报国之志。当前，集团公司坚持把履行好强军首责作为最重要的政治任务，紧紧围绕新时代军事战略方针，全力推进武器装备机械化、信息化复合发展，装备保供能力持续提升，切实担负起为人民军队对抗强敌、备战打赢提供强大的武器装备和技术支撑。中国科学院院士、坦克装甲车辆专家毛明带领团队研发山首型信息化主战坦克－99A、领先世界水平的二代步兵战车，显著提升我军主战坦克技术水平，使我国坦克跻身世界先进水平之列。中国工程院院士、野战火箭武器专家杨树兴在2017年中印洞朗对峙的危急时刻，多次奔赴青藏高原戍边一线，解决装备使用难题，体现了兵工人以强军事业为重的大局观。还有那些常年奔波在高原、寒区试验保障的反季节"候鸟"、克服危险等困难的火炸药从业人员，他们为了装备的研制成果和战斗力生成，克服重重困难，是践行强军报国使命群体的代表。

（二）追求卓越

追求卓越作为创新品质，生动诠释了新时代兵工人瞄准制衡强敌、勇攀科技高峰的创新自信，要敢于发挥主观能动性，保持奋斗姿态，敢闯"无人区"，瞄准最好、做到更好，打造好用、管用、耐用、实用的武器装备。当前，集团公司把科技创新摆在核心位置，明确了兵器工业的紧迫任务就是锻造国家战略科技力量，大力实施创新驱动发展战略，加快推进武器装备技术集群，加强原创性引领性技术攻关，打造原创技术策源地，努力实现高水平科技自立自强。中国工程院院士、制导武器专家邹汝平面对关键核心技术积累不足、超出科研能力的重大项目，坚持"站到桌子上再跳一跳，我们也要够到"的坚定信念，勇挑发展远程制导武器的重任，实现我国反坦克武器的跨越发展。全国最美科技工作者、VT－4坦克总设计师冯益柏带领团队成功自主研发搭载中国液力传动技术的动力舱，将动力舱应用在VT－4第三代外贸型主战坦克上，使得我国VT－4坦克进入世界一流装甲车辆行列。中国工程院院士、含能材料专家吕剑带领团队完成了上千种燃料分子理论模拟和实验研究，创制出多类型、多用途新型特种燃料，实现了新型特种燃料"从 0 到 1"的原始创新性突破，并突破了燃料工程化放大系列关键技术，实现了规模化制备。

（三）开拓进取

开拓进取作为价值追求，是一种精神状态也是一种能力要求，要以一种强烈的使命感责任感，面对前进中的激流险滩不"躺平"，克服懈怠畏难心态，敢为人先、迎难而上，敢于创造条件把事情做成，在科技自立自强、安全管理、市场开拓等方面攻坚克难，以"功成不必在我""功成必定有我"的精神境界创造不凡的业绩。当前，集团公司改革发展和党的建设各项工作正处于爬坡过坎、迈向高质量发展的关键时期，面临新形势新任务，不论是科技创新、生产经营、安全质量还是全面从严治党，都必须牢固树立忧患意识，知难而进、迎难而上，团结奋斗付出艰苦的努力，才能开拓新局面、走上良性的轨道。集团公司化工药剂安全专家李党屯在 35 年的一线工作实践中，带领团队总结出"能间接不直接，能量小不量大，能静态不动态，要处理先钝化"的安全工作法，用精心兢业奉献，驯服了火工药剂，实现安全保供近 10 年，保持了人员"零伤害"的纪录。中国兵器首席科学家、火炮武器专家许耀峰为赶超世界先进水平，决心开发我国"箱式发射"武器，经过一次又一次"不服输"的创新设计和科学实验，5 年后两型箱式发射武器设计定型并批量装备部队，外贸型装备也出口多国。

（四）敬业奉献

敬业奉献作为军工品格，要具备一种奉献精神，这种奉献可能是面对社会高薪的诱惑的坚守，可能是面对优越工作条件的某种牺牲，比如坚守一线危险岗位，不把收入多少、职位高低、工作难易作为岗位选择的标准，抑或具有敬业的工作态度，干一行爱一行专一行精一行，立足岗位干好每一项工作，面对挫折不移其志。全国道德模范、深孔镗工戎鹏强40余年来专注火炮炮管加工，解决技术攻关难题30余项，拥有技术发明创新2项，改进图纸10余项，为企业节约创效近千万元，用匠心打磨优质产品，面对社会上的高薪诱惑，他都果断谢绝了，这本身就是一种奉献。全国劳动模范、钳工张新停为攻克高硬度钨合金平底钻孔的技术难题，用掉3000多个鸡蛋；研制的合膛规精度能达到千分之一毫米，有效满足了生产过程中零部件精度要求，解决生产技术难题100余项，完成100余种高密度合金材料试样加工。此外，还有卢仁峰、周建民、马小光等为代表的一大批高技能人才，他们撑起了攻克"大国重器"制造难题的一片蓝天。

三、人民兵工精神的时代价值

人民兵工精神的产生具有鲜明的时代印记，但人民兵工精神的价值是超越时空、永续长存的，新时代新征程大力弘扬人民兵工精神，对于开创兵器事业高质量发展新局面，推动实现中华民族伟大复兴，具有重大而深远的现实意义。

（一）忠诚捍卫"两个确立"、坚定做到"两个维护"的必然要求

兵器工业因党而生、为党而在，对党忠诚是刻在骨子里的政治基因。"把一切献给党"的人民兵工精神，彰显了一代代兵工人坚

定不移听党话、矢志不渝跟党走，对党绝对忠诚的崇高政治品格。时代在变、条件在变，但人民兵工为之奋斗的理想和事业没有变，"国家利益高于一切"的价值追求没有变。新时代新征程，兵器工业对党忠诚最根本的体现就是拥护"两个确立"、做到"两个维护"。大力弘扬新时代人民兵工精神，必将感召、激励、引领一代又一代兵工人，坚守"把一切献给党"的崇高信仰，永葆对党忠诚的政治本色，坚决维护党的核心和党中央的权威，做习近平新时代中国特色社会主义思想的忠诚拥护者和坚定实践者，听从总书记号令、服从党中央指挥，永远听党话、跟党走。

（二）履行强军首责、推动国防和军队现代化建设的有力支撑

人民兵工是人民军队最忠诚、最坚强、最可信赖的战友和伙伴，也是我国现代国防科技工业体系的基础和摇篮。"把一切献给党"人民兵工精神伴随着新中国国防科技工业各条战线的发展得到赓续传承与发扬光大，是军工精神的历史发端。不论行业如何、领域怎样，军工精神的核心是不变的，那就是"国家利益高于一切"的核心价值观。在新征程上，大力弘扬人民兵工精神，就能强化"功成不必在我"的境界和"功成必定有我"的担当，增强斗争精神，强化进取意识，不断攻坚克难，始终冲锋在前，以装备建设兴军强军，加速科技向战斗力转化，加强国防科技工业能力建设，为人民军队提供能打仗、打胜仗的优质武器装备，为实现建军一百年奋斗目标，加快把人民军队建成世界一流军队提供有力支撑。

（三）加快建设世界一流企业、推动高质量发展的坚强保障

建设社会主义现代化强国，必须要建设世界一流企业。建设具

有全球竞争力的世界一流集团公司是兵器工业矢志不渝追求的发展目标。在新征程上，大力弘扬"把一切献给党"的人民兵工精神，就能紧扣做强做优做大国有资本和国有企业这个总目标，牢牢把握坚持和加强党对国有企业的全面领导这个总原则，提高企业核心竞争力和增强核心功能，坚守实体经济根基，端稳主责主业饭碗，加快建设世界一流企业，以企业实力增强综合国力，坚定成为我们党赢得具有许多新的历史特点的伟大斗争胜利的战略基石。

（四）增强文化自信、建设文化强国的底气来源

文化自信不是无源之水、无本之木，它既源自人民兵工深厚的历史底蕴和文化传统，也来自兵器事业不断发展所带来的坚强底气，更来自传承弘扬和践行人民兵工精神的生动实践。人民兵工精神植根于中华优秀传统文化沃土，形成于我们党在武装夺取政权、服务国家建设、深化改革开放和推动新时代中国特色社会主义事业不断发展的伟大实践，具有深厚的历史根基、鲜明的时代特征和强烈的价值取向。在新征程上，大力弘扬人民兵工精神，就能够为新时代新征程兵工事业传承发展提供丰厚的滋养，是广大兵工人文化自信的底气来源，也是建设社会主义文化强国的力量之源。

推荐单位：中国兵器工业政研会

作　　者：杨国顺　孙建光　李　翔

新时代中央企业精神文明建设实践研究

国网江苏省电力有限公司紧密结合中央企业特点，深入研究中国式现代化对于企业精神文明的本质要求，全面探索电网企业精神文明建设的路径方略，有效提出引导员工提高政治站位、价值导向、精神风貌的实践方法，推动实现职工内生动力足、精神面貌好，企业发展能力强、社会广泛赞誉的良好氛围。

一、主要做法

深刻领会新时代精神文明建设的政治导向更加突出、为民底色更加鲜明、典型代表性更加彰显、示范引领作用更加紧迫等特征，准确认识精神文明建设的科学内涵，明确中央企业是弘扬伟大建党精神的引领者、实现中国式现代化的开拓者、传承中华优秀传统文化的推动者、践行社会主义先进文化的示范者的独特身份，从4个维度开展实践。

（一）"三个层次"同向发力，以"知"为要筑牢理想信念

一是注重"点"上发力，发挥领导干部"关键少数"带头作用。发挥领导干部在知识领学中的"头雁"示范作用，严格落实"第一议题"制度，采取"干部领学＋集体学习＋交流研讨"的模式，加强理论学习，加大研讨力度。开展干部带头读书调研、撰写笔谈等活动，带动形成党的创新理论学习热潮。将理论课堂搬进红色教育基地、基层治理一线等各类阵地，以沉浸式、体验式等形式，拓展干部学习深度、提升学习效果。开展面对面宣讲，通过举办读书班、讲党课等形式带头开展宣讲，推动党员干部真学实用，辐射带动全社会形成浓厚学习氛围。

二是注重"线"上延伸，发挥各级党组织"穿针引线"辐射作用。发挥党组织的优势，坚持思想引领、厚植育人功能，紧扣学习贯彻习近平新时代中国特色社会主义思想这一主要任务，采取组织学习、集中宣讲、典型引路等方法，运用互联网、微信、抖音等职工喜闻乐见的方式把党的创新理论知识讲清说透，实现行为同向、价值共求。连续多年组建书记专家团队，围绕"调查、研究、讲课、辅导"4项职能，面向广大基层党组织书记传授专业技能，分享经验成果，助推党建专业管理和价值创造能力同步提升。

三是注重"面"上推动，发挥各类先进群体示范引领作用。发挥共产党员服务队、劳动模范群体、好人群体、道德模范群体的先锋带头作用，感召吸引广大干部员工加强思想淬炼、政治历练、实践锻炼、专业训练，在想干事、能干事、干成事中实现人生价值。依托高渗透性、高覆盖性的行业优势，遍布全省城乡的共产党员服务队和几十名驻村"第一书记"，在做好本职工作以外，通过开展

志愿服务、增值服务等，更好地助力地方经济社会发展、服务人民美好生活。

（二）"三位一体"同步实施，以"情"为牵培育和践行社会主义核心价值观

一是建设党内政治文化。大力弘扬共产党人忠诚老实、公道正派、实事求是、清正廉洁等价值观，将理想信念教育作为党内政治文化建设的重要任务，强化政治引领、思想引领和组织引领，将政治立场、政治纪律和政治要求贯穿于党内政治文化建设的全过程，严明党的政治纪律和政治规矩。开展党史、国情、革命传统教育，公司试点开展省内外红色实景党课教育，加强党性教育，厚植党内政治文化土壤。

二是建设优秀企业文化。深度发掘基层班组独特且优秀的"行为语言"，如"接受任务不摇头、遇到困难不低头、完不成任务不回头""做早、做巧、做好""有话慢慢说，有事抓紧办"等带有电力"行话"寓意的行为信条，易于传承和推广，高度契合职工日常感知和体验，从而进一步拉近价值理念与职工的情感距离，让价值理念融入日常、植入行为。同时，通过开展信条挖掘、讨论和分享活动，推动基层一线在服务、安全等关键领域形成相一致的"做事原则"和"行动指引"，实现从总结行为信条到形成行为习惯的转变。

三是传承中华优秀传统文化。大力弘扬讲仁爱、重民本、守诚信等核心思想理念和敬业乐群、自强不息、孝老爱亲等中华传统美德，开展"我们的节日"特色主题活动，传播传统节日的文化内涵和时代价值。发挥中华优秀传统文化道德滋养和情感共鸣的作用，

从传统文化中汲取智慧力量，使传统文化基因更好植根于党员干部职工思想意识和道德观念。建好用好爱国主义教育基地、电力文化遗产等文化阵地，在重要纪念日、员工职业生涯的关键节点，开展礼仪仪式教育，引导干部职工赓续文化血脉、增强文化自信，做到知礼仪、重礼节、讲礼貌。

（三）"三个引导"同频共振，以"意"为题推进思想道德建设

一是注重道德引导，在固本培元中增强道德意识。发挥"旗帜领航宣讲团""党的二十大精神青年宣讲团""青马讲师团"作用，用好"学习强国"学习平台、"云课堂"等平台，持之以恒宣传革命英烈和道德楷模、最美人物等，宣传立足岗位钻研求索、敬业奉献的典型人物，引导党员干部职工见贤思齐、崇德向善。将职业道德教育作为新员工入职培训"第一课"，积极开展"导师带徒"人才培养，坚持以德传技，培养良好职业习惯，不断提升职业技能、培育职业精神，实现群体优秀向整体优秀的升华。

二是加强教育引导，在明德守礼中提高道德水准。从非物质激励的角度，挖掘企业内部典型引领、榜样示范、身边感动等故事素材，以"讲述身边感人故事""一线行为信条故事"为主线，推进公司"故事承载体系、专业队伍体系、故事传播体系、故事管理体系"四大体系建设。以"传统＋现代""现场＋舞台""线上＋线下"等方式，使故事成为道德教育的无形载体。创新实施先进导向典型化的"名人堂""金手印"仪式活动，通过集体体验的方式，强化职工对企业责任使命和价值理念的情感认同，激发职工身为企业主人翁的道德感、自豪感、归属感。

三是突出实践引导，在倡树新风中提升道德自觉。以"凝聚人

心、塑造行为"为目标，深化精神文明创建。统筹利用一线服务窗口，积极创建新时代文明实践基地（点），持续开展理论宣讲、文化传播、道德宣传等文明实践活动，构建点多面广、互联互通的文明实践服务圈。探索文明实践新路径，积极服务"两新"群体，为赋能乡村振兴和基层治理注入道德力量。发挥电力贴近群众、连接千家万户的天然优势，强化共产党员服务队示范带动作用，广泛开展岗位学雷锋、青春光明行等志愿服务活动，在帮助他人、服务群众、回报社会的过程中提升道德境界，推动营造温暖和谐的社会氛围。

（四）"三大场景"同台共用，以"行"为要添翼现代企业文明

一是建设员工队伍积极心态养成系统。提出员工队伍心态指数概念，开发并应用"员工队伍积极心态养成系统"，区别专业、地区、入职年限、岗位类别等不同维度，综合运用结构化、非结构化和思想动态调研访谈三类数据，以量化指数对4万余名职工进行多维度心理画像，形成覆盖全省的心态地图，实现了全省职工心态数据的一目了然。在做好全省员工队伍心态分析的基础上，深入安全生产、优质服务的微观场景化运用，真正做到以员工为本，借力平台切实帮助员工在思想上解惑、在精神上解忧、在文化上解渴、在心理上解压。

二是建设党建全交互系统。依据内部系统信息，聚焦党支部政治引领和思想教育功能的发挥，以基层党支部为组织节点，以党员活动室为物理节点，自主开发了"智能、友好、互动、共享"的党建全交互系统，推动各级党组织和党员打破区域限制，利用交互系统连线开展结对创先、业务研讨、学习交流等活动，实现组织与组

织、组织与党员、党员与党员之间的多维互连，促进支部组织力和党员战斗力"双提升"。目前，该系统覆盖全省各地2800多个党组织，实现了省、市、县供电公司和直属单位所有支部的互联互动。

三是建设对外延伸服务平台。不断加强自身企业精神文明建设工作，同时引领文明风尚、助力乡村振兴、服务社会治理，持续推动社会主义核心价值观全面落地。依托电力行业优势和共产党员服务队常态化开展志愿服务、增值服务等，助力地方经济社会发展、服务人民美好生活。目前，在全省建成60余个新时代文明实践基地、900余个实践点，实现了供电营业窗口的全覆盖，同步建成14个电暖流爱心超市，形成了覆盖全省、便捷高效、兼有"振兴乡村"和"电力元素"的爱心公益网络，成为地方政府开展新时代文明实践的重要支撑力量。

二、工作启示

一是新时代央企精神文明建设要牢牢掌握意识形态领导权。新时代央企精神文明建设，是一项系统工程，需要我们全面把握，统筹推进。牢牢掌握意识形态工作领导权是这项工程的关键所在，要善于通过建设具有强大凝聚力和引领力的社会主义意识形态，推动具有强大生命力和创造力的社会主义精神文明建设。

二是新时代央企精神文明建设要紧紧扭住"价值观"总开关。积极向上的价值观能够提升企业的形象，增强企业的竞争力。要坚持由易到难、由近及远，通过教育引导、舆论宣传、文化熏陶、实践养成、制度保障等，努力把核心价值观的要求变成日常的行为准则，内化为人们的精神追求，外化为人们的自觉行动。

三是新时代央企精神文明建设要主动占领互联网主阵地。互联网是意识形态斗争的主战场、最前沿，占据网络传播"制高点"是新时代央企精神文明建设的必然选择。要充分适应互联网发展要求，充分运用科技互联手段，建立起"互联网＋精神文明建设"的新模式。

四是新时代央企精神文明建设要全力唱响凝聚人心主旋律。精神文明工作说到底是做人的工作，要顺应人民日益增长的精神文化需求，围绕滋润人心、德化人心、凝聚人心，顺应群众所思所想所忧所盼，推动解决人民最关心最直接最现实的利益问题，多办人民群众可感、可享、可参与的民生实事，不断化解人民群众操心事、烦心事、揪心事，真抓实干解民忧、纾民怨、暖民心，在为家庭谋幸福、为他人送温暖、为社会作贡献的过程中提高精神境界，培育文明风尚。

推荐单位：国家电网政研会

作　　者：姚国平　卢文平　张　寒

　　　　　徐建楠

企业海外员工思想政治工作
实践探索与思考

中国华电集团有限公司（以下简称中国华电）坚持以习近平新时代中国特色社会主义思想为指导，认真贯彻落实习近平总书记重要讲话和重要指示批示精神，在参与"一带一路"建设过程中，把思想政治工作牢牢抓在手上，推进海外员工"思想引导、心理开导、情感疏导"（以下简称"三导"）工作机制探索与实践，营造了海外企业生产安全、事业拓展、队伍稳定、文化融合的良好局面，为高质量共建"一带一路"贡献力量。

一、企业海外员工思想政治工作面临的问题

思想政治工作根本上是做人的工作。海外员工在异国他乡面临错综复杂的国际环境、难以融入的社会环境、不及预期的情感诉求，这是企业思想政治工作面临的突出问题。

（一）面临错综复杂的国际环境

随着中华民族伟大复兴不断推进，有的国家通过各种方式打压中国，开展形式各样的舆论攻势，海外员工身处开放的舆论环境中容易受到错误价值观的侵蚀。海外企业驻在国有的限制外国政党活动，有的通过立法方式禁止外国政党活动，在这种大环境下，如何依法合规做好思想政治工作，存在较大压力。

（二）面临难以融入的社会环境

中国华电海外企业大多分布在基础设施落后的发展中国家，驻地位于偏远山区或城镇远郊。与国内工作生活环境相比，海外员工产生了较大心理落差，身心健康受到影响。中外籍员工共同工作生活，双方在语言交流、行事方式、文化习俗等方面不可避免地产生碰撞，据调研，超七成海外员工不同程度地感知到融合障碍。

（三）面临不及预期的情感诉求

受相关国家法律限制，海外员工一年回国休假的时间较短，一般 30 天到 60 天，在照顾陪伴家人中长期缺位，存在较多后顾之忧。已婚员工不能与配偶共同分担照料生病老人、接送孩子上下学等家庭责任，容易产生家庭矛盾；未婚员工则存在交友圈狭小、婚恋困难等困境，容易产生情感矛盾。诸多问题相互交织，影响海外员工队伍的稳定性和工作效率效果。

二、中国华电"三导"工作的生动实践

中国华电把"三导"工作作为新时代加强和改进海外企业思想政治工作的重要抓手，推进"三导"工作思路和机制创新，开展了富有成效的实践活动。

（一）思想引导"铸魂"，筑牢忠诚政治品格

中国华电推进党的建设与中华优秀传统文化创新融合，构建"三学五基"党建新模式，教育引导海外员工深刻领悟"两个确立"的决定性意义，增强践行"两个维护"的思想自觉和行动自觉。

一是加强理论武装，凝心聚魂。创新开展"归国培训沉浸学"，建立海外员工回国集中学习教育制度，组织海外员工分批回国到福建古田会议会址、江西井冈山等地参加集中学习教育，在革命历史发生地接受沉浸式的思想教育，始终把学习贯彻习近平新时代中国特色社会主义思想作为归国培训的重中之重。创新开展"运用平台自主学"，为海外员工配发驻在国当地公开发行的《习近平谈治国理政》1—4卷和《习近平谈"一带一路"》等书籍英文版、俄文版，丰富理论学习内容。在俄罗斯的基层企业，组织员工就近到莫斯科参观中共六大会址，到习近平新时代中国特色社会主义思想学习研究中心学习交流。海外员工使用驻在国法律许可的"学习强国"学习平台等网站，开展在线学习，确保理论学习标准不降、力度不减。

二是强化文化建设，以文化人。创新开展"建强阵地转化学"，

海外企业建强厂前区、办公区、生产区、生活区、活动区五大文化阵地，把习近平总书记用典通过中华优秀传统文化、企业文化元素展示出来，让外籍员工感受中华优秀传统文化的魅力，让中方员工看到后能够增强文化自信、受到思想教育。在健全基本组织、落实基本制度、建强基本队伍、夯实基本保障的基础上，丰富基本活动，以推动中华优秀传统文化创造性转化和创新性发展为主线，结合2024年中国—东盟文化交流年、中柬人文交流年、中俄文化年，策划实施"六个一"活动，开展了一系列文化联建共建活动、一系列文化讲座、一系列传统节日庆祝活动、一系列社会责任宣传活动，扩大了一批海外"朋友圈"，运营了一批海外社交媒体账号，持续用中华优秀传统文化熏陶员工、感染员工、教育员工。

（二）心理开导"润心"，助力一流企业建设

中国华电坚持以人民为中心的发展思想，以"时时放心不下"的责任感守护海外员工心理健康，把心理开导工作抓在经常融入日常，实现员工与企业和谐健康发展，有效助力一流企业建设。

一是建立机制，心理开导抓在经常。海外企业建立"面对面"谈心谈话工作机制，针对基层一线员工、一般管理人员、科技人员、青年员工、女性员工、领导干部6类谈心谈话对象，通过心理引导找切入、换位思考起共鸣、营造氛围拉家常、以小见大见实效4种方法技巧进行心理开导，提升心理开导的工作质量和成效。海外企业常态化开展"领导接待日"活动，领导班子成员每月轮岗，听取一线员工心声，防止小问题演变成心理问题或大问题。上线中国华电"职工心声e家通"平台，集团公司、直属单位、海外企业直达互通，海外员工通过平台反映诉求，管理人员限时解答，形成有效

联动机制。

二是丰富活动，心理开导融入日常。海外企业定期举办心理疏导"云讲座"，邀请国内心理学专家远程问诊，把心理健康风险消除在萌芽状态。针对新员工首次赴海外工作容易产生心理恐慌等问题，召开新员工座谈会，了解员工诉求，针对新员工提出的意见建议，逐一答疑解惑，帮助员工快速了解和适应新环境，防止产生应激性心理障碍。开展"五心"工程建设，完善健身设施让员工"活动乐心"，建立图书室让员工"读书悦心"，开设医务室让员工"健康安心"，建立心灵驿站让员工"生活怡心"，开辟农场果园让员工"收获开心"，想方设法缓解员工心理压力。

（三）情感疏导"聚力"，激发干事创业热情

中国华电坚持把情感疏导作为做好海外企业思想政治工作的基础，融入企业生产经营管理、融入华电"奋进"文化建设，用心用情用力解决海外员工实际问题，凝聚团结奋进力量。

一是情系一线，关爱海外基层员工。海外企业每年组织劳动模范、先进个人就近就便开展疗休养活动，让海外员工精神上获得极大满足，工作上更有动力。针对海外青年员工婚恋诉求，积极搭建青年联谊的舞台，华电系统内部联姻、中资企业外部撮合，十几对青年在海外喜结连理。针对中外籍、南北方饮食差异，聘用不同菜系的厨师，为员工送上"异国风""中国味""家乡菜"，兼顾不同员工的诉求。针对员工远离祖国和家人，每逢佳节倍思亲，在除夕、元宵节、中秋节等重要传统节日，举办歌舞秀、趣味活动、包饺子等活动，组织员工共度佳节，增进情感交流。

二是情暖后方，关爱员工国内家属。海外企业建立员工家属微

信群，经常发布员工在项目现场的工作生活照，以及当地风光、风土人情等照片，让家属及时了解亲人的近况，把思想政治工作的触角延伸到"大后方"。中国华电直属单位与海外企业员工国内家属建立了日常联系机制和应急帮扶机制，每年春节前夕慰问海外员工国内家属全覆盖，在海外员工国内家属突发疾病、重伤、离世等重大变故或遭受重大困难时，直属单位和海外企业及时制订应急帮扶措施，切实帮助解决紧急的合理诉求并及时走访慰问，情暖后方，让海外员工安心放心，激发海外员工干事创业的内生动力。

三、几点思考

（一）坚持以习近平新时代中国特色社会主义思想为指导，是开展"三导"工作的根本

习近平新时代中国特色社会主义思想是当代中国马克思主义、二十一世纪马克思主义，是全党全国各族人民为实现中华民族伟大复兴而奋斗的行动指南。在海外企业开展"三导"工作，必须坚持以习近平新时代中国特色社会主义思想为指导，深入学习贯彻习近平总书记关于能源发展、推进"一带一路"建设等重要论述精神，统一思想、统一意志、统一行动，增强共建"一带一路"高质量发展的内生动力。中国华电在"三导"工作中充分利用各类学习载体，及时组织学习党中央重大决策部署和习近平总书记最新重要讲话和重要指示批示精神，研究贯彻落实措施，加强督导推动，抓好落地见效，引导海外员工在增强"四个意识"、坚定"四个自信"、做到"两个维护"上不断取得新成效。

（二）坚持人民至上理念，用心用力用情关心关爱员工，是开展"三导"工作的关键

党的二十大报告中指出"必须坚持人民至上"。坚持人民至上，是海外企业开展"三导"工作的方向所在。在海外企业开展"三导"工作，必须紧紧依靠员工，广泛动员组织员工投身到企业高质量发展中来，把海外员工对美好生活的向往作为企业高质量发展的关键一环，切实实现好、维护好、发展好海外员工的根本利益，汇聚起企业团结奋进的强大合力。中国华电在"三导"工作中用心用力用情关心关爱员工，力所能及地为海外员工解决急难愁盼问题，为海外员工提供良好的工作生活条件，让员工"轻装上阵"投身企业高质量发展的实践，推动海外业务发展不断迈出新步伐。

（三）坚持推进党的建设与中华优秀传统文化创新融合，是开展"三导"工作的首创

习近平总书记在全国宣传思想文化工作会议上作出重要指示，强调要推动中华优秀传统文化创造性转化和创新性发展。在海外企业开展"三导"工作，必须学习贯彻习近平文化思想，推动党的建设与中华优秀传统文化创新融合，有效破解"五不公开"带来的工作难题。中国华电在"三导"工作中找准党的建设与中华优秀传统文化的结合点，开展了一系列有利于提升海外企业工作质量、促进中外籍员工文化融合、塑造企业良好形象的实践活动，增强了中华优秀传统文化海外传播力影响力。

加强和改进海外企业思想政治工作是一项长期性、战略性的任务。中国华电将继续坚持以习近平新时代中国特色社会主义思想为

指导，不断加强和改进新时代思想政治工作，把海外企业"三导"工作与服务党和国家工作大局紧密结合起来，与生产经营发展等企业中心工作紧密结合起来，凝心聚力再出发，为谱写共建"一带一路"高质量发展新篇章作出新贡献。

推荐单位：中国华电集团政研会

作　　者：谢益明　苗永超　李清波

关于世界一流企业品牌形象
国际传播的课题研究

作为全球最大投资建设集团，中国建筑坚持以建设世界一流企业、加强国际传播能力建设、推动中外文明交流互鉴为己任，充分发挥深耕海外、扎根当地的独特优势，在多年实践中，探索出独特的企业海外形象建设模式，从"完善体系机制、夯实工作基础、建强传播矩阵、加强人脉建设、开展文化融合、提升品牌形象"6个方面下功夫，形成了一系列有效的经验做法，不断提升国际传播整体效能，助力建设世界一流企业品牌，以企业形象展现可亲、可信、可爱的中国形象。

课题组按照研究对象的不同，采用了文献研究法、问卷调研法、深度访谈法、个案研究法4种方式（图1）。

通过文献研究和学理分析，厘清了企业传播的基本概念，以及与国家形象和国家文化的内在联系，为提高企业海外传播效能、提升品牌国际化水平等研究问题提供理论基础。面向中国建筑实施海外传播专项工作的24个国家发放英文问卷460份，按照企业文化、

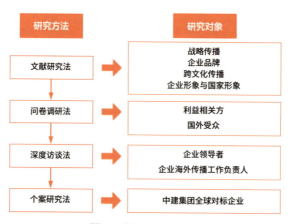

图 1　课题研究思路

品牌形象两个方面进行设计，并各设置 4 个评估维度（图 2），最终收回有效问卷 401 份。对马来西亚、斯里兰卡、柬埔寨、阿联酋、阿尔及利亚、刚果（布）、科特迪瓦、新加坡等 9 个国别的海外传播工作负责人展开深度访谈，了解不同国别工作的整体开展情况和差异化特点。聚焦 2022 年度"世界 500 强"前 8 强企业，开展世界一流企业品牌形象建设个案研究，分析查找差距不足，明确改进提升方向。

图 2　问卷测量维度

在深入研究基础上，按照"通盘谋划、试点先行、分批推进、全面提升"原则，构建"12345"海外传播工作模型（图 3），即"1

个体系、2 支队伍、3 类渠道、4 个创新、5 类故事",积极探索构建世界一流企业品牌形象国际传播路径。

图 3　中国建筑"12345"海外传播工作模型

一、构建"1 个体系"

经过不断总结、研究,逐渐形成了"113"海外传播工作框架体系,其中包括"1 个实施意见"(《进一步加强宣传思想工作的实施意见》)、"1 个实施方案"(《加强海外传播工作的实施方案》)、"3 个专项方案"(《海外传播推进专项方案》《海外传播试点专项方案》《海外传播人才培训专项方案》)。通过每年制订和调整《中建集团海外传播工作安排》《重点国别实施方案》,确保有序推进"113"框架体系落实落地。编制《跨文化交流指导手册》和 20 个国别的《跨文化交流执行手册》,形成跨文化交流长效工作机制。

二、建强"2 支队伍"

（一）建强海外传播人才队伍

中国建筑持续实施"三年百人"培训计划，历时 5 年举办海外传播人才培训班，选拔培养 340 名海外传播工作骨干，覆盖 33 个国别（地区），基本实现每个重点业务国别（地区）都有 1 名海外传播工作专业人才。采用线上线下相结合的方式，组织海外机构负责人、海外传播牵头人、海外项目通讯员参加培训，并将海外舆情管理、海外形象建设等课程纳入海外经营业务培训，切实帮助海外全员提高外宣意识和工作能力。

（二）建强海外"网红"队伍

积极探索"网红出海"传播新模式，以埃及、新加坡、巴基斯坦、马来西亚为试点，遴选 20 名中外员工探索培养模式，根据员工各自特质，将账号分为 3 类人设，即"一带一路"建设工匠、建筑科技探秘者、文化友谊使者。将海外员工个人账号纳入全集团海外传播"大矩阵"建设中，以统合性策略促进不同平台间互相引流。埃及小伙 Diaa 策划推出《有趣的中国成语故事》系列专题视频 24 期，总阅读量达 210 万次，总互动量达 12 万次。

三、打通"3 类渠道"

（一）建强自有矩阵，提高形象自塑力

统筹子企业在 20 个国家和地区，建立 65 个海外社交平台、外语官网的传播矩阵，覆盖粉丝 371 万人，涉及 6 个语种，阅读量达 4750 万次。集团融媒体中心协同海外融媒体分中心，开通运营并加 V 认证了 Facebook、Twitter、Instagram、YouTube 等账号，聚合 190 余万海外粉丝。其中 Facebook 账号创建主题讨论群组，深度集纳关注中国建筑、热爱建筑行业的粉丝，加强同粉丝的双向互动，不断增强粉丝对账号的黏性和喜爱。

（二）加强媒体协同，提高传播协同力

整合外部资源，与 135 个中央主要外宣媒体、海外媒体建立合作机制，年报道量 4978 次。《人民日报》刊发文章《村里再也没有停过水》，讲述中国建筑马哈拉佩水厂扩建项目缓解当地居民用水难问题。联动中国国际电视台、中国网等，策划阿海星员工雅辛尼探访北京、走进中非博览会。尼泊尔快速路项目为当地 200 余名居民、学生开展爱心义诊活动，被哈尔巴新闻社、凯迪恩达普电视台等 10 余家当地主流媒体报道。阿联酋建筑商业杂志、建筑周刊、海湾新闻等主流媒体深入报道中建中东斩获当地行业大奖，展现中国建筑优质的履约能力。

（三）扩大国际"朋友圈"，提高传播公信力

新加坡安全员安东尼积极参与"我和我的外国朋友"主题海外

传播，收获近 200 条海外网友留言。邀请埃及总理顾问、新加坡国家电视台主持人、阿拉伯语地区"网红"走进项目，通过直播、采访、撰文等形式，引发当地各界强烈反响。与俄罗斯、新加坡当地高校开展跨文化管理、古建修复、BIM 技术等课题研究，面向海外发表理论文章、专业书籍达 20 余项。在阿联酋举办建筑科技大会，邀请来自建筑领域的 480 余名高管、学者参加，以互利共赢不断扩大国际"朋友圈"。

四、开展"4 个创新"

（一）推进可持续战略品牌项目"鲁班工匠计划"

在全球实施可持续战略品牌项目"鲁班工匠计划"，2020 年，中国建筑在埃及开设境外首家鲁班学院，累计为 3800 余名埃及工程师、技术人员、工程专业学生等提供培训、交流、实习。秉持"赋能人才创新成长，共建共赢建筑未来"的项目愿景，以"拓展幸福空间"为使命，在新加坡、阿联酋、马来西亚等 10 个国家陆续开设鲁班学院，为中建员工及所在国建筑工程领域青年学子提供学习、交流、成长的可持续发展平台。

（二）开展"建筑在说话"海外重点工程回访

2022 年，联合中国国际电视台开展"建筑在说话"（Building Lives）海外主题策划，选取近 10 年"一带一路"沿线 15 个重点工程，用国际化视角和融媒体表达方式，展现"一带一路"倡议为沿线国家带来可见可感的发展变化。累计获得阅读量 8600 万次，被 470 多家海外媒体、中央主要外宣媒体转载报道 2500 余篇，覆盖海外受众 1.6 亿人。巴新网友 Boon Teoh 评论道："中国在帮助贫困国家建设基础设施，过上更好的生活！"

（三）开展"建证幸福　全球行动"海外社会责任

对海外发布埃及、斯里兰卡、新加坡等 9 个国别中外文可持续发展报告，全面展示中国建筑对全球可持续发展的价值贡献。打造"建证未来"海外志愿服务品牌，已累计在 32 个国家和地区开展责任实践 2600 余次。尼泊尔加纳克小学校长夏尔玛感言道："中国朋友送来的礼物为孩子们带来了快乐与感动。"举办"我是青知讲说人"青年志愿故事分享会，邀请中外青年志愿者讲述不同国籍的中建青年志愿者携手同行、参与责任实践的青春故事。

（四）开办"建证幸福书屋"

在斯里兰卡、马来西亚等 5 个国家打造"建证幸福书屋"，搭建中外员工文化交流平台，组织中外员工阅读交流。围绕春节、中秋节等中华民族传统节日、纪念日，将书屋营造出节日氛围，举办"我和我的中国朋友"征文、短视频大赛，组织读书交流、座谈沙龙、才艺秀等活动，讲好中外员工友谊故事。

五、讲好"5 类故事"

（一）讲好海外"Z 世代"故事

以 Vlog、微记录形式推出《后浪》《我和中国师父》等短视频，被 10 余家中外媒体报道转载 40 余篇，播放量达 2000 余万次。聚焦国际青年日、国际劳动日、三八妇女节等节点，在脸书、推特策划 Plog 系列 28 篇，中国香港建筑师程雪运用 C-Smart 智慧工地技术实现更好监控建设工地环境指标、马来西亚工程师 Omar Ahmad 运用建筑信息模型（BIM）实现减少建筑材料浪费、阿尔及利亚工程师 Yahiaoui Omar 通过参与设计公路走向保护沿线濒危动物栖息地等鲜活的故事，引发海外网友热议，其中互动粉丝 30 岁以下占比高达 70%。

（二）讲好人物暖心故事

短视频《希望》以中国建筑在埃及承建的海外经援项目自由埃及语言实验学校学生哈兰为主人公，讲述他在学校学习生活的一天。埃及网友留言，中国建筑带给孩子们的不仅仅是像花园一样的校园，更是带来了知识改变命运的希望。《回家的路》围绕斯里兰卡员工从小到大回家的乡村小路变为高速公路，展现"一带一路"项目为当地民众生活带来的变化。该视频在"一带一路"百国印记短视频大赛获奖后，又入选新华社"一带一路"在地生活微视频展映式。

（三）讲好科技创新故事

以科技创新引领高质量发展为视角，策划制作《动臂式塔吊首次顶升》等短视频，直观展示中国建筑致力研发关键技术，被新华社 Global Link 等媒体报道，播放总量达 50 万次。与中央广播电视总台联合摄制纪录片《大国建造》，展示西安大唐芙蓉园、西藏博物馆等 23 个新地标的建造故事。策划中国国际电视台、上海电视台等媒体记者走进上海中节能项目，近距离感受建筑工业机器人高效解决建设难题。海外网友 Kass 留言评论：感受到"像造汽车一样造房子"的科技实力。

（四）讲好海外社会责任故事

由中国建筑承建的文莱淡布隆跨海大桥，穿越了东南亚地区最大的未经人类开发的原始热带雨林，通过首创"不落地"桥梁建造工艺，成功实现了桥梁全程空中施工，解决了原始森林、沼泽湿地等生态脆弱地区环境保护难题。项目团队还修建了70多个涵洞便于动物穿行，开发了50公顷的鸟类觅食区，并在周边种植了3950棵树，使生态保护区得以完整保存。这些责任故事在海外社交媒体播出后，近万名海外粉丝互动点赞。在埃及新首都CBD项目、埃塞俄比亚MKT公路项目履责成果入选2023"百企千村"中国在非企业履行社会责任经典案例，多角度展现中国建筑践行企业责任、助力民心相通的故事。

（五）讲好中华文化故事

以"建证幸福"品牌内涵，开展"建证幸福·中外建筑海外云联展"，通过近千张精选的建筑美图，展现中国的发展与变化。向海外推出"古'建'奇'谈'"主题策划，将中国建筑参与建设的仿古建筑项目美图形成画卷，添加"找不同""拼图"等互动方式，将"建筑"打造为承载中华文化的亮丽名片。在埃及策划中埃员工钟翔、依琳等为阿拉伯国家受众教授汉语、展示汉字文化，陆续摄制8部《在新首都学汉语》短视频，阅读量387.5万次，互动总量36.1万次。

推荐单位：中国建筑集团政研会

作　　者：周　静　王　淇　胡　钰

中国中铁打造"八德"企业文化研究

中国中铁认真学习贯彻习近平文化思想，深刻领悟"第二个结合"的重大意义，充分汲取中华优秀传统文化中的思想精华和道德精髓，积极打造"忠信仁义智勇善美"——"八德"企业文化，为企业高质量发展赋能聚力。

一、打造"八德"企业文化的内涵及实践探索

自 1894 年山海关造桥厂诞生开始算起，中国中铁已经走过130 年的风雨征程，推动和见证了中国铁路建设和民族工业从无到有、从小到大、从弱到强的巨大飞跃。百余年来，一代代中国中铁人用生命、鲜血和汗水接续铸就了一座座工程丰碑，"忠信仁义智勇善美"早已深深融入中国中铁的血脉和灵魂，映照着为民族复兴筑路的初心使命，成为鼓舞和激励中国中铁人不断攻坚克难、从胜利走向胜利的强大精神动力。近年来，中国中铁持续深化"八德"

企业文化建设，着力打造现代新国企，努力当好中国式现代化道路上的"开路先锋"。

（一）弘扬"忠"，打造忠诚担当的现代新国企

国有企业作为推进国家现代化、保障人民共同利益的重要力量，要始终初心如磐、使命在肩，积极服务国家重大战略，自觉服务党和国家工作大局，坚定当好中国特色社会主义经济的"顶梁柱"。中国中铁企业文化从核心价值理念到具体的经营管理理念，都贯彻落实习近平总书记关于中国建造、高质量发展、建设世界一流企业、守正和创新相统一、坚持稳中求进工作总基调、"两山"理论、"三个转变"、法治建设、弘扬工匠精神、安全生产、党风廉政建设和反腐败斗争等一系列重要指示批示精神，引领广大员工践行新发展理念，构建新发展格局，推动高质量发展，勇当国家基础设施建设特别是铁路建设事业的开路先锋，以绝对忠诚坚定捍卫"两个确立"，以实干实效坚决做到"两个维护"。

（二）弘扬"信"，打造重信守诺的现代新国企

在市场经济条件下，国有企业诚信建设不仅是企业生存发展的生命线，而且对于提高政府公信力和促进社会良好风气的形成都有重要意义。中国中铁坚持把诚信经营作为立业之本、兴业之道，视履约为"天职"，严格兑现工期、安全、质量、环保等各项承诺，全力建造精品工程、美丽工程，以优质的产品和服务赢得市场信任；本着真诚尊重的态度，及时跟踪回应客户诉求，出现信誉危机时，不回避、不掩盖、不敷衍，始终以公众利益为先，实事求是地承担责任，不断增强企业公信力；加强公共关系建设，

用情用心维护投资者、债权人、供应商等相关方的利益，真实、全面、及时、充分地进行信息披露，积极营造和谐、互信、共赢的环境。

（三）弘扬"仁"，打造以人为本的现代新国企

党的性质和宗旨决定了国有企业必须坚持以人民为中心的发展思想，常思"为了谁、依靠谁、我是谁"，围绕职业发展、薪酬福利、素质提升、工作环境、人文关怀、文化生活等各方面，察实情、出实招、办实事、求实效，用心用情用力解决好职工群众急难愁盼问题。中国中铁持续完善员工工资正常增长和收入保障机制，积极构建多层次职工保险体系，广泛推广实施员工健康关爱计划，认真执行《职工带薪年休假条例》及其他各类假期规定，全面推行"三工建设""三让三不让"关爱员工工程和"幸福之家十个一工程"，不断加强和改进劳动安全卫生条件、劳动防护以及特殊工种和女职工的特殊保护工作，夏送清凉、冬送温暖，扎实推进共同富裕，努力让职工群众的获得感成色更足、幸福感更可持续、安全感更有保障。在施工生产中，始终坚持生命至上、安全第一，严格落实安全生产责任制，大力推行铁腕治安全"硬十条"，把确保人民生命安全放在第一位落到实处。

（四）弘扬"义"，打造遵规守法的现代新国企

深入推进法治国企、廉洁国企建设，是保障国有企业健康发展的重要手段。中国中铁一方面坚持依法治企、合规经营，依据《公司章程》建立健全企业各项基本制度、管理机制和工作体系，为各类治理主体厘清权责和科学决策提供了制度保障；以开展"合

规管理强化年"专项行动为契机，聚焦加强制度建设、完善运行机制、落实合规管理责任、强化境外合规、完善组织体系、培育合规文化等方面，努力推动企业在法治、合规轨道上实现高质量发展。另一方面坚持正风肃纪，一体推进"三不"，认真落实勤俭办企业"十不准"要求，持续深化纠治"四风"；始终保持零容忍震慑不变、高压惩治力量常在，坚决惩治不收敛不收手、胆大妄为者；突出"一把手"和领导班子监督，强化对权力集中、资金密集、资源富集、资产聚集等重点部门和岗位监督；积极构建党委巡视、纪委监督、审计监督、法律合规监督贯通协同的"四位一体"大监督格局；广泛开展党纪国法教育、反腐倡廉制度培训、案例警示教育、廉洁文化建设，为企业营造了风清气正、业兴人和的良好氛围。

（五）弘扬"智"，打造改革创新的现代新国企

当前，世界百年未有之大变局加速演进，不确定难预料因素增多，面对艰巨繁重的改革发展稳定任务，国有企业必须胸怀大局、把握大势、着眼大事，聚焦高质量发展这一首要任务，找准工作切入点和着力点，做到因势而谋、应势而动、顺势而为。中国中铁坚持守正创新，聚焦主责主业，着力发展实体经济，在保持传统市场优势的基础上，积极拓展水利水电等"第二曲线"市场，形成新的经济增长点；围绕"一切工作到项目"，部署开展项目管理效益提升三年行动，构建大商务管理体系，推动管理变革、流程变革、机制变革；全面完成国企改革三年行动各项任务，深入实施新一轮国企改革深化提升行动，不断推进技术创新、管理创新、制度创新，提升企业核心竞争力和增强核心功能。坚持行稳致远，牢牢把握稳

中求进工作总基调，把稳增长摆在更加突出位置，确保实现新签合同额、营业收入、利润总额"三增"目标，确保在稳定经济大盘中"顶梁柱"顶得住、"压舱石"压得实；统筹发展和安全，着力防范化解各类风险，坚决守住不发生系统性风险底线，以高水平安全保障企业高质量发展。

（六）弘扬"勇"，打造奋楫争先的现代新国企

党中央发出"让国企敢干"的号令，既是鼓励，又是鞭策，激励着国有企业全面解放思想、放开手脚，勇于担当、主动作为，更好地发挥国有经济的战略支撑作用。在强国建设、民族复兴的康庄大道上，中国中铁锚定加快建设具有全球竞争力的世界一流综合型建筑产业集团的宏伟目标，高擎"勇于跨越追求卓越"的"开路先锋"精神旗帜，以敢为人先的魄力、敢谋大业的勇气、敢于担当的作风，坚决有力服务国家战略，高质量完成北京冬奥会"三场一村"及京张高铁等配套设施运维保障任务，服务保障冬奥会圆满成功；高标准、高质量参与雄安新区建设，在雄安设立央企首个产业集群；坚决打赢关键核心技术攻坚战，三大专项任务攻关取得世界领先成果，盾构机产量连续 6 年世界第一；聚焦"一带一路"建设，服务保障印尼雅万高铁在两国领导人见证下成功试运行，建成孟加拉国帕德玛大桥、埃及斋月十日城轻轨铁路等一批标志性工程，彰显了"共和国长子"的责任与担当。

（七）弘扬"善"，打造受人尊敬的现代新国企

善代表着一种美好的思想和行为，是指导人们为人处世的基本道德观念。保障和改善民生是促进社会和谐稳定的重要基石，国有

企业要坚持取之于民、用之于民，发善心、立善意、行善举，将经营发展的成果回报社会。百余年来，中国中铁逢山开路、遇水架桥，在奉献精品的同时，创造大量就业机会，为增进民生福祉、提高人民生活品质付出艰辛努力，作出卓越贡献。作为中央企业，积极履行社会责任，在精准扶贫、乡村振兴、援疆援藏、抗震救灾、抗击疫情、绿色环保中屡有大善、德行天下。新冠疫情暴发以来，火速驰援火神山、雷神山、方舱医院及多个省市救治医院建设，积极捐款捐物和参与防控救治，被《人民日报》赞誉为"火神山"上的"铁军"，1名员工荣获"全国抗击疫情先进个人"。作为"一带一路"建设主力军，努力打造造福世界的"发展带"和惠及各国人民的"幸福路"，为构建人类命运共同体注入蓬勃动力。中国中铁二局尼泊尔逊科西马林引水隧道项目开工以来累计为当地提供2200余个就业岗位，培养了近400余名技术操作工人和40余名项目管理人员，被誉为尼泊尔"国家骄傲工程"。在长期的实践中，企业形成了向上向善的核心价值观，引导广大员工崇德向善、积善成德，为打造受人尊重的企业奠定了坚实的道德根基。

（八）弘扬"美"，打造形神兼备的现代新国企

对美的追求蕴含着对真善人格的向往，追求美的过程也是世界观、人生观、价值观养成的过程。国有企业要把美学思想与企业实践结合起来，将美学特有魅力转化为现实生产力和竞争力。中国中铁企业标识所象征科技和高远的蓝色为标准色；经纬交织的地球背景，展现了公司的全球视野和战略眼光；端正、刚健的"工"字既形如坚实的钢轨，承载着辉煌厚重的历史，又势如擎天的建筑，昭示着蒸蒸日上的未来。司歌《开路先锋》以激扬、流畅的词曲阐释

了中国中铁的历史源流、显著成就、企业品格和价值追求，具有鲜明的企业特点和时代气息。中国中铁坚持以创新驱动砥砺"中国创造"，以品质为本炼铸"中国质量"，以价值导向升华"中国品牌"，打造了"中国高铁""中国大桥""中国隧道""中国电气化""中国装备"等一系列亮丽的"国家名片"，涌现出"最美奋斗者"窦铁成、巨晓林，全国"最美科技工作者"王杜娟，全国十大"最美职工"白芝勇，全国"最美职工"先进集体中铁建工集团北京2022年冬奥会奥运村及场馆群工程项目经理部等重大先进典型，以美赋予企业文化最耀眼的底色。在"一带一路"建设中，中国中铁坚持"共商、共建、共享"理念，在传播中华文化、吸收当地文化、推进跨文化融合中实现与所在国的共同发展，绘就了美美与共的和谐画卷，助力了海外工程建设，夯实了企业在海外发展的民意基础。

二、打造"八德"企业文化的主要经验

打造"八德"企业文化是一项系统工程，需要统筹运用追本溯源、传播推广、育人化人、实践应用等方法手段，打好弘扬中华优秀传统文化"组合拳"，筑牢企业高质量发展的文化根基。

（一）寻根溯源、赓续文脉是前提

打造"八德"文化，首先要全面回顾总结企业发展历程，对自身文化蕴含的中华优秀传统文化元素进行系统梳理和挖掘、深入研究和阐释、准确提炼和展示，探寻企业文化根基，找准企业文化脉络，彰显企业文化格局，切实增强广大员工文化认同感和向心力。

（二）丰富载体、加强传播是基础

打造"八德"文化，必须把构建"立体式"传播体系作为基础性工作抓实抓好，通过视听传播、培训传播、会议传播、活动传播、媒体传播、标杆传播、领导传播等形式，推动"忠信仁义智勇善美"各项理念入眼入脑入心入行，营造传承弘扬中华优秀传统文化的浓厚氛围。

（三）立德树人、以文化人是根本

打造"八德"文化，要把育人化人作为根本任务，强化教育引导、实践养成、制度保障，着力培养在思想水平、政治觉悟、道德品质、文化素养、精神状态等方面同时代要求相符合的时代新人。特别要注重培养造就一批具有企业家精神的现代企业家，引领企业高质量发展跑出"加速度"。

（四）汲取智慧、提升治理是关键

打造"八德"文化，要坚持"学"字当头、"悟"字贯通、"用"字为重，深入了解我国历史和传统文化，汲取运用我国古代治国理政的探索和智慧，更好地破解企业改革发展中遇到的矛盾和问题，完善中国特色现代企业制度，推动企业治理体系和治理能力现代化。

推荐单位：中国中铁政研会

作　　者：王士奇　陈宝华　续海龙

何俊冶

创新推进建筑央企国际传播研究

建筑央企作为我国经济的重要名片和国家形象的重要载体，是我国国际传播综合影响力和行为主体的重要组成部分。在推动共建"一带一路"高质量发展大背景下，把握国际话语权，讲好中国故事，做好国际传播，是建筑央企的重要职责。

一、建筑央企在推进国际传播中存在的主要问题

海外舆论环境不同于国内，在建筑央企现行的国际传播方式方法和传播效果中，仍存在"有理说不清，说了传不开，传开不可信"等诸多现象。

（一）习惯只做不说，国际传播规模较小

一方面，建筑央企习惯于"只做不说"，不善于与当地的利益相关方进行沟通，有很多"中国好故事"没有在当地传播开来。另

一方面，建筑央企在国际传播中的整体在场能力还不够强，传播渠道和覆盖范围有待提高。报告显示，近年来央企在 X（原推特 Twitter）、脸书（Facebook）、照片墙（Instagram）三大国外社交平台的入驻率发展趋于平缓甚至下降。

（二）内容枯燥单一，"自说自话"硬式传播

建筑央企在海外开展对外传播时，未能全面掌握当地的舆论环境和对外传播规律的，常常在海外舆论传播中"自说自话"，其主动发布的多为海外业绩增长、产品创新、海外投资合作等方面的信息，使用不适合当地习惯的表达方式，缺乏对受众行为和偏好的研究，使宣传效果大打折扣。

（三）传播方式简单，模式滞后无效传播

随着国际传播大环境不断变革，大部分建筑央企在传播方式上还拘泥于"文字＋图片"，缺乏对高质量视频创作、直播互动和虚拟现实等新技术的应用，忽视了语言差异所导致的文化情感传播弱化的特征和传播形式多元化的必然趋势。

（四）互动性不强，与受众建立的连接度不够

报告显示，当前诸多建筑央企在进行国际传播中普遍存在以下现象：帖文发布的信息频次不断增长，但所发布内容的评论和点赞率很低。主要原因是重数量轻质量，发布内容仅停留在知识和信息的普及灌输上，未能很好地引发受众的共鸣，同时互动性较弱，忽视了社交媒体互动交流的重要功能。

二、建筑央企创新推进国际传播的实践探索和成效

作为最早进入国际市场的中国企业之一，中国铁建积极响应国家"一带一路"倡议，大力推进"海外优先"战略，以品牌国际化策划为核心，下大力气围绕多个重点项目在创新推进建筑央企国际传播方面进行了大量的探索和实践。

（一）在"一带一路"建设中促进国际化传播

中国铁建遵循"共商、共建、共享"原则，深度参与建设了一大批享誉海内外的"一带一路"精品和标志性工程，为促进企业品牌国际化传播奠定了坚实基础。中国铁建不仅着眼于推动基础设施的"硬联通"，还积极推动分享先进的管理理念，带动"一带一路"沿线国家规范标准"软联通"，同时促进民生改善，从而实现"心联通"，品牌国际化认可度和传播效用进一步彰显。中国铁建不断加强企业品牌形象在海外当地和基层项目的展示工作，通过前期策划、现场指导等多种方式，规范项目营地建设和突出展示中国铁建 Logo 和标语等品牌形象，逐步实现清晰的品牌展示和传播格局，为品牌国际化传播打造坚实基础。

（二）在履行社会责任中促进国际化传播

中国铁建在海外积极履行社会责任，充分利用当地资源，解决大量就业，带动地方经济发展，促进企业品牌在当地的好感度和美誉度提升。一是积极推行属地化建设，培训雇佣当地员工，培育当地分包商队伍，提供当地大学生赴华留学奖学金并委托国内大学联

合培养。二是通过参与社区共建，构建和谐社区关系，积极参与公益活动，促进当地绿色发展。三是坚持与项目东道国守望相助、同舟共济，如抢建尼日利亚最大方舱医院、紧急驰援多米尼克飓风撤侨行动等，为企业品牌在当地的美誉度作出了突出贡献。

（三）在讲好中国故事中促进国际化传播

在创新推进国际传播过程中，中国铁建利用多种形式宣传报道，潜移默化地促进企业品牌在海外生根。拟定"企业主体、高管大V协同"的海外社媒平台传播方针，在全球主流社交媒体和视频平台运营16个账号，让海外民众更深刻地了解中国。中国铁建紧跟当下舆论环境，深挖宣传亮点，优化受众画像，在内容策划上分别从社会责任、重要节日、人物故事、创意互动以及精品项目5个方向出发，具体围绕"我和我的外国朋友""同心同行，共筑未来""共享机遇，共创美好""让世界变得更美好""美美与共"等主题，打造出拉伊铁路开通商业运营、海外中土人的中秋祝福等多篇爆款帖文，并积极与"大V"、网友等进行广泛联动，不断加大海外宣传报道力度。

（四）在加强外界互动中促进国际化传播

自媒体时代，"网红""大V"的影响力不亚于传统新闻媒体。中国铁建一方面邀请总统、市长、文学作家等在当地有巨大影响力的政客名流现场调研，通过他们讲述传播中华文化；另一方面也鼓励中方和外籍员工主动分享所见所闻，充当传播中华文化的使者和促进两国文化互鉴互融的桥梁。中国铁建加大同国内外媒体的沟通力度，多种方式发布宣传信息，并充分发挥跨文化国际交流桥梁作用，在海外与当地大使馆、商业联合会、孔子学院等机构展开密切合作，在推广中华文化中增进海外当地对企业品牌的了解和认识。

三、对策建议

结合中国铁建近年来在国际传播工作方面的实践探索，总结提炼出一系列讲好中国故事，创新推进国际传播的对策。

（一）提高思想认识，加大国际传播参与度

一是坚持把好方向，讲好中国故事。要以"传播企业正面宣传，宣介当代中国发展变化"为推进国际传播的原则，结合当地和企业实际向世界讲好中国故事。二是保持优秀基因，打破文化壁垒。坚持对中华优秀传统文化和自身企业文化的自信，把这种优势转变成一种能融入于当前全球市场的文化。此外，要坚持"中国风""国际范"和"当地味"兼容并举，做到尊重不同国别的宗教信仰、风俗人情、文化习俗，不去评论政治立场、宗教文化，不冒犯民族禁忌。

（二）优化传播内容，以小见大润物无声

一是优化传播内容，贴近受众生活。面对语言和文化壁垒，更加贴近生活或故事化的交流方式才能更易于受众理解，从而产生情感共鸣。所以，建筑央企在国际传播过程中宜以中国元素中的服饰、饮食、音乐等为侧重点，并辅以平民化的叙事手法，用国际化和本土化相结合的表达方式，提升国际受众的接受度与关注度。二是洞悉受众需求，促成情感认同。在对外传播的过程中，情感是主流媒体短视频跨越异质化障碍、消弭文化差异的重要因素。从个体叙事

入手，将寻常百姓喜怒哀乐的人生故事、企业为当地作出的贡献和国家发展相结合，通过小切口展现大故事，赋予国际传播以共情化元素，将"他们"变成"我们"，从而引发国际受众的情感共鸣。

（三）探索传播方式，因地制宜精准传播

一是坚持一国一策，了解当地受众偏好，用好当地话语体系。研究显示，在主流的海外社交媒体中，脸书（Facebook）在非洲最受欢迎，照片墙（Instagram）则在东南亚地区更受欢迎。在传播内容上，项目动态类、员工生活类、社会责任类、中华美食和传统节日类等更受民众欢迎，海报、短视频、电视剧等则会比传统的文字传播更受欢迎。因此，建筑央企国际传播应对受众所在区域进行细分，采用当地人易接受的话语体系，最大限度促进传受双方的文明互鉴，实现双方的人文交流和民心互通。二是线下活动要"走进去"，线上活动要抓住"快字诀"。建筑央企要变被动为主动，将当地民众请上舞台双向互动，做到每次线下活动有回访，根据参与者的意见加以改进；在平时的工作生活和雇员培训中，还可通过谈心谈话、讲故事、身体力行等方式，促使不同文化间的交流、理解、融合。随着国际传播方式的不断迭代，建筑央企目前可选择多种线上传播方式讲好中国故事。相较于传统媒介内容，短视频可以最快速度抓住海外受众的眼球，并可获得铺天盖地的传播效果。建筑央企可以根据海外用户的消费心理和阅读习惯，在海外社交媒体上进行碎片化、个性化的国际传播。

（四）维护正面形象，建立信任有效传播

一是抓好生产经营，以"硬实力"提升"软实力"。实施好在

建项目，履行社会责任，树立并维护正面友好形象，是树立中国建筑央企良好形象的重要内容，也是建立信任进行有效传播的重要助力。建筑央企在开展经营过程中应该坚持诚信合规的理念，在遵守当地法律法规和国际商务伦理道德的前提下做强做优做大企业，为企业在当地发展擦亮"金字招牌"。二是适应海外舆情，提升舆情应对水平。建筑央企在国际传播工作中要积极接触所在国当地媒体，引导其对中国企业进行客观报道。要以坦诚、开放的姿态面对媒体，做好应急预案，如遇突发舆情，应及时真诚回应社会关切，必要时可辅以真实数据支撑；如遇到明显的污蔑造谣，建筑央企应加以警惕，必要时及时上报驻在国使领馆，并及时更正事实错误，作出严正声明。

（五）建立长效机制，以人为本创新迭代

一是打牢宣传基础，提升信息生产效能。建筑央企要提升自身讲好中国故事、推进国际传播的水准，切实做好国际传播"上半篇"文章。一方面要搭建国际传播自有国际传播平台，让话有处可讲；另一方面要深挖企业或在手项目、中外员工等同中国元素、中国标准、中国故事的关联性，并注意及时更新素材库，将此项工作建立常态化机制。此外，还要积极打造理论功底深厚、深谙中华文化、国际传播实践能力扎实的人才队伍，携手讲好企业故事、中国故事。二是注意总结经验，构建国际传播体系。在做好国际传播内容和创新形式的同时，应注意总结经验，以用户为中心构建起国际传播体系。具体实践中，则应注重分析梳理受众接收信息的渠道特征，把握好国际受众对传播主体、传播渠道、传播内容的接受、认可与共情机制等传播规律。同时，根据总结的传播规律，不断探索

使用多种传播渠道和方式，产出更受大众喜闻乐见的内容，从而有规律性、模式性地提升企业开展国际传播的实际效果。

推荐单位：中国铁建政研会
作　　者：张文锦　王　琰　杨　航

关于表彰中国政研会2023年度一、二、三类优秀研究成果和评选活动组织工作先进单位的决定

各省、自治区、直辖市和新疆生产建设兵团政研会，各全国性行业（系统）政研会：

2023年，各地方、各行业（系统）政研会坚持以习近平新时代中国特色社会主义思想为指导，学习贯彻习近平文化思想，深刻领悟"两个确立"的决定性意义，不断增强"四个意识"、坚定"四个自信"、做到"两个维护"，围绕新时代加强和改进思想政治工作，围绕思想政治工作领域重大理论和实践问题，组织力量深入农村、社区、企业、医院、学校、"两新"组织等基层单位开展调查研究，形成了一批有价值、有分量的研究成果。经中央宣传部领导批准，中国政研会秘书处组织开展了2023年度优秀研究成果评选工作，各地方、各行业（系统）政研会积极参与，推荐报送了大量研究成果。经认真评选，评选出《进一步加强国有企业青年员工思想政治工作调查研究》等一类优秀研究成果30篇、《新时代高校网络意识形态领域风险应对策略研究》等二类优秀研究成果50篇、《新时代金融青年弘扬雷锋精神实践与研究——以"金

玫瑰"志愿服务品牌为例》等三类优秀研究成果 70 篇，评选出河北省政研会等 10 家单位为评选活动组织工作先进单位。

希望各地方、各行业（系统）政研会继续坚持以习近平新时代中国特色社会主义思想为指导，深入学习贯彻习近平文化思想，围绕中心、服务大局，履职尽责、守正创新，坚持问题导向、效果导向，多针对当前社会上存在的、需要思想政治工作解决的突出问题开展调查研究，提出解决问题的新思路新办法，力争形成一批高质量的研究成果，并注重调研成果的转化运用，切实把调研成果转化为解决问题、改进工作的实际举措，以高质量的调研成果推动各项工作高质量发展，进一步推动新时代思想政治工作广泛深入开展，在新时代新征程不断展现新气象新作为！

附件：1. 中国政研会 2023 年度一、二、三类优秀
　　　　研究成果名单
　　　2. 中国政研会 2023 年度优秀研究成果评选
　　　　活动组织工作先进单位名单

中国政研会秘书处
2024 年 6 月 24 日

附件1

中国政研会 2023 年度
一、二、三类优秀研究成果名单

一类研究成果（30 个）

1.《进一步加强国有企业青年员工思想政治工作调查研究》

（中国核工业政研会推荐）

2.《构建思想政治工作测评体系研究》

（北京市政研会推荐）

3.《基于"三九六风车"模型的企业青年员工思想状况调研报告》

（中国船舶工业政研会推荐）

4.《新时代激发国有企业家干事创业精神激励体系研究》

（中国兵器装备政研会推荐）

5.《航天制造企业紧急攻坚情况下思想政治工作研究》

（中国航天科工政研会推荐）

6.《数字化赋能新时代国有企业思想政治工作路径研究》

（天津市政研会推荐）

7.《智能技术赋能思想政治教育质量评价的优势、限度与进路》

（重庆市政研会推荐）

8.《中华优秀传统文化融入大学生思想政治教育的实证研究》

（中国化工政研会推荐）

9.《黑龙江省青少年网络思想引领实践调研报告》

（黑龙江省政研会推荐）

10.《关于世界一流企业品牌形象国际传播的课题研究》

（中国建筑集团政研会推荐）

11.《推进混改企业文化融合的探索与思考》

（中国电子信息行业政研会推荐）

12.《新时代中央企业精神文明建设实践研究》

（国家电网政研会推荐）

13.《中国中铁打造"八德"企业文化研究》

（中国中铁政研会推荐）

14.《用好红色资源为中国式现代化建设凝聚精神力量研究》

（江苏省政研会推荐）

15.《新就业群体思想政治工作研究》

（河北省政研会推荐）

16.《以企业民间外交助力国家形象塑造》

（中央企业党建政研会推荐）

17.《航天工业遗产在大力弘扬航天精神中的时代价值研究》

（中国航天科技政研会推荐）

18.《党员画像智慧评价体系提质企业思想政治工作的构建与实践》

（中国电力政研会推荐）

19.《强化妇女思想政治引领的思考和实践》

（福建省政研会推荐）

20.《打造特色文化品牌　推动思想政治工作与业务工作深度融合》

（中国金融政研会推荐）

21.《创新推进建筑央企国际传播研究》

（中国铁建政研会推荐）

22.《新时代人民兵工精神内涵研究》

（中国兵器工业政研会推荐）

23.《加强年青一代民营经济人士思想政治引领研究》

（上海市政研会推荐）

24.《基于新时代"枫桥经验"与"四下基层"一体贯通方法论的国有企业思想政治工作研究》

（浙江省政研会推荐）

25.《山西省制造业产业工人网络思想政治工作特点和发展现状研究》

（山西省政研会推荐）

26.《中央企业健全落实习近平总书记重要指示批示全链条制度体系研究——以中国石油为例》

（中国石油政研会推荐）

27.《企业海外员工思想政治工作实践探索与思考》

（中国华电集团政研会推荐）

28.《以中国航海文化赋能新时代航运强国建设研究》

（中国交通政研会推荐）

29.《国有企业跨文化管理探索和实践研究》

（中国机械政研会推荐）

30.《以工业遗产改造项目为契机弘扬民族工业精神》

（辽宁省政研会推荐）

二类研究成果（50个）

1.《新时代高校网络意识形态领域风险应对策略研究》

（黑龙江省政研会推荐）

2.《全媒体时代国资央企新闻宣传有效性提升路径研究》

（中国核工业政研会推荐）

3.《以高等教育为阵地　在来华留学教育中讲好中国故事——以北京大学为例》

（北京市政研会推荐）

4.《关于构建"全系一体"新闻宣传格局　打造国家名片的实践与研究》

（中央企业党建政研会推荐）

5.《以增强党组织政治功能和组织功能提升中央企业思想政治工作质量实践研究——以中国电建构建"五级四环三维"思想政治工作对标体系为例》

（中国电力政研会推荐）

6.《构建基于 WBS 的"1+3+N"企业思想政治工作体系实践研究》

（中国兵器工业政研会推荐）

7.《关于新时代文明实践中心建设的"国企路径"研究——以国网青岛供电公司为例》

（国家电网政研会推荐）

8.《国有企业加强临时党组织思想政治工作研究》

（中国航天科工政研会推荐）

9.《锻造企业思想政治工作骨干力量——上海加强和改进高级政工师队伍建设的调研报告》

（上海市政研会推荐）

10.《以建设"五地"为载体　高质量创建全国红色基因传承示范区的探索》

（江西省政研会推荐）

11.《中央企业赓续红色血脉　传承红色基因实践研究——以中国石油为例》

（中国石油政研会推荐）

12.《"五强五聚"路径提升国有煤炭企业思想政治工作效能研究》

（中国华电集团政研会推荐）

13.《新疆南疆农村铸牢中华民族共同体实践路径探究》

（新疆维吾尔自治区政研会推荐）

14.《基于"分众化差异化全覆盖"视域的国企政治理论学习机制研究》

（浙江省政研会推荐）

15.《传承优良传统，践行时代要求，以先进文化引领精准服务国家战略和高质量发展——国家开发银行授信文化建设调查研究》

（中国金融政研会推荐）

16.《构建新时代国有企业思想政治工作环境"1+3+3+3+3"体系的研究与实践》

（中国航空工业政研会推荐）

17.《红色文化赋能思政教育一体化的价值意蕴与实践进路》

（中国纺织政研会推荐）

18.《国有企业思想政治工作赋能高质量发展的"1453"实践体系研究》

（中国船舶工业政研会推荐）

19.《关于兵团构建各民族相互嵌入式社会结构与社区环境的调研报告》

（新疆生产建设兵团政研会推荐）

20.《新时代加强宁夏新的社会阶层人士思想政治工作的实践与思考》

（宁夏回族自治区政研会推荐）

21.《中铁工业加强国际传播能力建设的实践与启示》

（中国中铁政研会推荐）

22.《关于提升国有企业宣传思想文化工作有效性的策略研究——以中国海油为研究案例》

（中国海洋石油政研会推荐）

23.《新时代高校红色基因传承路径研究——以西北工业大学为例》

（陕西省政研会推荐）

24.《以新时代"鞍钢宪法"引领赋能企业高质量发展研究》

（辽宁省政研会推荐）

25.《新时代国有企业思想政治工作考核评价体系研究——以厦门市烟草专卖局（公司）为例》

（福建省政研会推荐）

26.《关于乡镇青年公务员群体思想状况的调查研究》

（安徽省政研会推荐）

27.《"两个结合"视域下中华优秀传统文化在国企思想政治工作中的作用发挥研究》

（中国烟草政研会推荐）

28.《新时代国有企业产业工人"三育"工作实践研究》

（内蒙古自治区政研会推荐）

29.《关于提升主题宣讲生动性、实效性的探索与思考》

（中国铁路政研会推荐）

30.《推动以"执行实干"为核心的企业文化建设实现高质量发展的思考与研究——以中铁十八局集团有限公司为例》

（中国铁建政研会推荐）

31.《航天企业完善先进典型选树机制的实践探索》

（中国航天科技政研会推荐）

32.《关于改进和提升基层政治理论学习质量的研究》

（中国铁路政研会推荐）

33.《社区思想政治工作的现状、问题及对策研究》

（重庆市政研会推荐）

34.《在中国式现代化建设进程中加强思想政治工作的探索与实践》

（江苏省政研会推荐）

35.《职业院校总体国家安全观融入"大思政课"的现状调研与对策研究》

（天津市政研会推荐）

36.《广东推进社会主义核心价值观建设的实践探索研究》

（广东省政研会推荐）

37.《新时代高校组织育人：价值意蕴、运行机理与路径优化》

（湖南省政研会推荐）

38.《关于以"精神高地"品牌建设强化烟台公路职工思想政治工作引领的探索实践》

（山东省政研会推荐）

39.《在立德树人背景下如何做好中学思政课建设》

（河北省政研会推荐）

40.《国企高质量转型期职工思想状况调查研究——以山西华阳集团为例》

（山西省政研会推荐）

41.《辽宁省民办高校大学生积极心理品质培育研究》

（中国流通政研会推荐）

42.《统筹推进昆明市新时代大中小学思政课一体化建设研究》

（云南省政研会推荐）

43.《以青年宣讲推动理论育人重在"特色"——关于吉林大学博士生讲师团理论宣讲工作的调研报告》

（吉林省政研会推荐）

44.《关于医疗领域职业道德建设的研究》

（中国卫生健康思想政治工作促进会推荐）

45.《国有企业以"五大工程"培育和践行社会主义核心价值观的探索研究》

（中国煤炭政研会推荐）

46.《红旗渠精神育时代新人的价值、功能与路径》

（中国水利政研会推荐）

47.《切实践行"终身学习"价值理念　培育为党育才为党献策核心能力——邮政党校"日学月讲"研习机制的创建与实践》

（中国邮政政研会推荐）

48.《社会主义核心价值观在语文教学中的渗透策略研究报告》

（四川省政研会推荐）

49.《青海省学校思想政治教育工作实效性分析调研报告》

（青海省政研会推荐）

50.《新形势下国有林场人文关怀与心理疏导工作方法研究——以广西国有维都林场为例》

（中国林业政研会推荐）

三类研究成果（70个）

1.《新时代金融青年弘扬雷锋精神实践与研究——以"金玫瑰"志愿服务品牌为例》

（中国金融政研会推荐）

2.《中国航发深入学习贯彻习近平总书记重要指示批示精神的研究与实践》

（中央企业党建政研会推荐）

3.《基于人文企业建设的责任文化实践研究》

（中国核工业政研会推荐）

4.《"感动上海"年度人物故事巡讲受众评价的调查报告——对先进典型宣传工作的一些分析思考》

（上海市政研会推荐）

5.《关于在科研单位开展传承科学家精神、弘扬航天精神培养科技领军人才的实践研究——以中国航天科技集团有限公司六院十一所为例》

（中国航天科技政研会推荐）

6.《以数字化加强和改进思想政治工作研究》

（江苏省政研会推荐）

7.《以"学做"理念落地践行大庆精神铁人精神实践研究》

（中国化工政研会推荐）

8.《新时代三线企业文化的传承与发展——以中国船舶长征重工"千锤百炼、铸锻未来"企业精神为例》

（中国船舶工业政研会推荐）

9.《新时代大学生劳动价值观培育的场域、困境与对策研究》

（吉林省政研会推荐）

10.《四步联动"启＋树＋赋＋融"深研新时代思想政治工作》

（宁夏回族自治区政研会推荐）

11.《开路先锋精神的时代内涵和弘扬路径研究》

（中国中铁政研会推荐）

12.《国有企业青年思想政治工作实践研究——中国联通"1＋3＋3"青马工程培养模式探索》

（中央企业党建政研会推荐）

13.《讲好北方工业故事加强国际传播能力建设实践研究》

（中国兵器工业政研会推荐）

14.《铸牢中华民族共同体意识背景下社区思想政治工作融合发展的实践与思考》

（广西壮族自治区政研会推荐）

15.《新时代国有建筑企业思想政治工作体系的构建与完善研究》

（中国建设政研会推荐）

16.《新型工业化给传统制造型企业思想政治工作带来的机遇与挑战研究》

（中国机械政研会推荐）

17.《关于以构建"十必谈"工作机制为重点的思想文化建设研究》

（山东省政研会推荐）

18.《新时代中央企业文化创新在价值创造中支撑作用的研究》

（中国电力政研会推荐）

19.《梦桃精神的传播及基因赓续研究》

（陕西省政研会推荐）

20.《新时代国有企业思想政治工作"故事化"的实践与探索》

（中国石油政研会推荐）

21.《关于新疆师范大学马克思主义理论教育基地的调研报告——以史铸魂、立德树人，打造新时代马克思主义理论教育新阵地》

（新疆维吾尔自治区政研会推荐）

22.《关于"网生代"职工思想政治工作情况的调查研究报告》

（山东省政研会推荐）

23.《新时代加强社区思想政治工作的对策研究——以中山市近三年来工作实践为例》

（广东省政研会推荐）

24.《关于推动思政工作与国企生产经营深度融合的问题研究——基于 SWOT 分析视角下》

（甘肃省政研会推荐）

25.《深化航天防务科技创新链思想政治保障体系建设的探索与实践》

（中国航天科工政研会推荐）

26.《关于打造专兼结合企业思想政治工作队伍的研究》

（中国铁建政研会推荐）

27.《关于加强金融企业宣传思想工作的调查研究》

（中国金融政研会推荐）

28.《军工科研院所职工思想政治工作研究——以 28 所"温馨工程"探索与实践为例》

（中国电子信息行业政研会推荐）

29.《大中小学思政课一体化建设的宜昌实践》

（湖北省政研会推荐）

30.《铁路职工政治理论学习现状及对策研究》

（中国铁路政研会推荐）

31.《牢记总书记殷殷嘱托　弘扬航空报国精神实践研究》

（中国航空工业政研会推荐）

32.《新时代做好基层理论宣讲工作的实践与思考》

（浙江省政研会推荐）

33.《关于"一核多元"模式在新时代国企员工"八小时外"思想政治工作中的实践探索》

（江西省政研会推荐）

34.《构建"矩阵式闭环"体系　提高新时期员工思想政治工作科学化水平》

（中国煤炭政研会推荐）

35.《铸牢边疆地区少数民族大学生中华民族共同体意识研究——以新疆地区为例》

（新疆生产建设兵团政研会推荐）

36.《新时代"首钢之星"选树体系的构建与实施》

（中国冶金政研会推荐）

37.《数字化赋能烟草行业思想政治工作的路径思考》

（中国烟草政研会推荐）

38.《新时代大学生爱国主义教育机制创新研究及功能实践》

（中国轻工业政研会推荐）

39.《关于加强新时代国有企业文化创新实践、深度融合、赋能发展的探索与思考》

（中国煤炭政研会推荐）

40.《新时代国有企业思想政治工作方法和实践研究——以洛阳北企大力推行"3351"思想政治工作法为例》

（中国兵器装备政研会推荐）

41.《探索"伍家路径" 推进新时代理论武装在基层走深走实》

（湖北省政研会推荐）

42.《"五个三"工作法提升基层思想政治工作效能》

（中国石化政研会推荐）

43.《广东海事局典型培树存在的问题和解决路径研究》

（中国交通政研会推荐）

44.《新时代传统建筑文化融入高校思想政治教育的研究与实践——以中国古建筑构件馆为例》

（中国建设政研会推荐）

45.《构建"五力文化"思政工作体系助推高质量发展》

（中国冶金政研会推荐）

46.《关于在"经纬芳华"党建品牌引领下构建高校"三纵三横"思政育人体系的实践路径》

（中国纺织政研会推荐）

47.《包钢集团以项目化方式推进铸牢中华民族共同体意识主线工作的实践探索》

（内蒙古自治区政研会推荐）

48.《新时代企业思想政治工作考评体系构建探索》

（贵州省政研会推荐）

49.《新时代提升国有企业基层党组织思想政治工作实效性的研究》

（山西省政研会推荐）

50.《思想政治教育在退役军人信访工作中的地位和运用》

（广西壮族自治区政研会推荐）

51.《基于"研产用销"价值创造体系支撑人才兴企战略的研究与实践》

（中国海洋石油政研会推荐）

52.《培根"六润" 铸魂育人——依托红色文化资源优势推动农村学校幼小初思想政治教育有效衔接一体化发展的实施策略》

（甘肃省政研会推荐）

53.《打造"四讲第一课"工作品牌创新推进大中小学校思政课一体化建设》

（河北省政研会推荐）

54.《活用乡土文化资源 推进中小学思政课一体化建设实践研究》

（安徽省政研会推荐）

55.《“思政工作室”的构建探索与实践》

（中国烟草政研会推荐）

56.《关于传承弘扬机械工业精神的研究》

（中国机械政研会推荐）

57.《正确理解和把握党的青年工作的战略性》

（云南省政研会推荐）

58.《成渝地区双城经济圈建设中思政重点工作推动力研究》

（重庆市政研会推荐）

59.《泸州市幼小衔接家庭教育指导现状与对策研究》

（四川省政研会推荐）

60.《“三校资源”融入高校文化育人共同体建设研究》

（湖南省政研会推荐）

61.《关于红色基因融入医院党员教育的路径分析》

（中国卫生健康思想政治工作促进会推荐）

62.《全省职工思想状况调查报告》

（青海省政研会推荐）

63.《以高质量思想政治工作引领金融企业高质量发展实践研究》

（江西省政研会推荐）

64.《新时代青年理想信念教育常态化探究》

（福建省政研会推荐）

65.《上海轻工品牌建设的现状及推进建议——学习贯彻习近平新时代中国特色社会主义思想主题教育研究成果》

（中国轻工业政研会推荐）

66.《发挥"忆传统　谋未来　促发展"主题活动作用的实践探索》

（中国石化政研会推荐）

67.《加强新时代水利青年政治引领研究》

（中国水利政研会推荐）

68.《龙江森工集团企业文化研究》

（中国林业政研会推荐）

69.《深入贯彻党的二十大精神　坚定不移地推进新时代思想政治工作》

（中国黄金政研会推荐）

70.《工运精神在国有企业的守正创新路径初探》

（中国医药政研会推荐）

中国政研会 2023 年度优秀研究成果评选活动组织工作先进单位名单

1. 河北省政研会

2. 上海市政研会

3. 江苏省政研会

4. 浙江省政研会

5. 福建省政研会

6. 中央企业党建政研会

7. 中国金融政研会

8. 中国核工业政研会

9. 中国船舶工业政研会

10. 中国兵器工业政研会

后　记

　　为深入学习贯彻习近平新时代中国特色社会主义思想，认真学习贯彻习近平文化思想，学习贯彻习近平总书记关于思想政治工作的最新重要讲话和重要指示批示精神，围绕中心、服务大局，推动思想政治工作理论和实践研究多出优秀成果，为推动思想政治工作开创新局面提供有力支撑，经中央宣传部领导批准，中国思想政治工作研究会（以下简称中国政研会）组织开展了 2023 年度优秀研究成果评选活动。

　　中国政研会 2023 年度优秀研究成果评审委员会由中国政研会秘书处负责同志，部分中央国家机关、省（区、市）及高校、国有企业从事思想政治工作研究和实践的同志组成，吴建春任主任，吴祖平、李小标、洪波、王晓华、徐璐、王滨、濮旭、朱向军、徐耀强、戴木才、范希春、刘剑辉、李清泉、练玉春、吴瑞虎为成员。评审委员会下设办公室，王毅任主任。评选活动从 2023 年 12 月启动申报，截至 2024 年 4 月初，共收到 29 家省、自治区、直辖市和新疆生产建设兵团政研会，36家全国性行业（系统）政研会报送的研究成果304篇。6月上旬，经评审委员会三轮评审，评选出一类优秀研究成果30篇、二类优秀研究成果50篇、三类优秀研究成果70篇。

为进一步做好优秀研究成果的转化运用，中国政研会秘书处将部分一类优秀研究成果编辑出版。这些研究成果包括加强和改进新时代思想政治工作、构建思想政治工作测评体系、数字化赋能思想政治工作、推进中国式现代化、高质量发展、传承红色基因等主题，值得广大思想政治工作干部学习参考。夏光明同志审定了书稿，陈笑雪、范林芳、张朋智、戈志宝、俞颖杰、李楠楠、施希茜等同志参加了本书的审读、修改、编辑工作。

编　者
2024年10月